GUNTHER SCHWERDTFEGER

Rechtsfragen zu § 116 AFG n. F.

Schriften zum Sozial- und Arbeitsrecht

Band 104

Rechtsfragen zu § 116 AFG n. F.

Zweck, Auslegung, Verfassungsprobleme, Prozessuales

Von

Univ.-Prof. Dr. Gunther Schwerdtfeger

Duncker & Humblot · Berlin

CIP-Titelaufnahme der Deutschen Bibliothek

Schwerdtfeger, Gunther:
Rechtsfragen zu § 116 AFG n. F.: Zweck, Auslegung,
Verfassungsprobleme, Prozessuales / von Gunther
Schwerdtfeger. – Berlin: Duncker und Humblot, 1990
  (Schriften zum Sozial- und Arbeitsrecht; Bd. 104)
  ISBN 3-428-06954-4
NE: GT

© 1990 Duncker & Humblot GmbH, Berlin 41
Satz: Werksatz Marschall, Berlin 45
Druck: Color-Druck Dorfi GmbH, Berlin 49
Printed in Germany

ISSN 0582-0227
ISBN 3-428-06954-4

Inhaltsverzeichnis

Einführung

1. Teil

Die Ziele und Wirkungen des Neutralitäts-SicherungsG

2. Teil

Die Ruhenstatbestände des § 116 III 1 Nr. 2 AFG

1. Abschnitt

Auslegung und Subsumtion

2. Abschnitt

Verfassungsrechtliche Fragen der Bestimmtheit

3. Teil

Verwaltungsverfahren und Neutralitätsausschuß

1. Abschnitt

Die „Feststellung" des Neutralitätsausschusses

2. Abschnitt

Die Zusammensetzung des Neutralitätsausschusses als Befangenheitsproblem

4. Teil

Rechtsschutz

1. Abschnitt

Rechtsschutzmöglichkeiten

2. Abschnitt

Die Bundesanstalt als Verpflichtete
aus sich widersprechendenen Entscheidungen

Einführung

I. Die Gesetzesänderung

Das Gesetz zur Sicherung der Neutralität der Bundesanstalt für Arbeit bei Arbeitskämpfen vom 15. Mai 1986[1] hat § 116 AFG in Teilen neu gefaßt. Die alte und die neue Fassung sind nachfolgend nebeneinandergestellt. Dabei sind die Änderungen durch Fettdruck kenntlich gemacht.

<table>
<tr><td align="center">§ 116 a. F.</td><td align="center">§ 116 n. F.</td></tr>
<tr><td>

(1) Durch die Gewährung von Arbeitslosengeld darf nicht in Arbeitskämpfe eingegriffen werden.

</td><td>

(1) Durch die Gewährung von Arbeitslosengeld darf nicht in Arbeitskämpfe eingegriffen werden. **Ein Eingriff in den Arbeitskampf liegt nicht vor, wenn Arbeitslosengeld Arbeitslosen gewährt wird, die zuletzt in einem Betrieb beschäftigt waren, der nicht dem fachlichen Geltungsbereich des umkämpften Tarifvertrages zuzuordnen ist.**

</td></tr>
<tr><td>

(2) Ist der Arbeitnehmer durch Beteiligung an einem inländischen Arbeitskampf arbeitslos geworden, so ruht der Anspruch auf Arbeitslosengeld bis zur Beendigung des Arbeitskampfes.

</td><td>

(2) Ist der Arbeitnehmer durch Beteiligung an einem inländischen Arbeitskampf arbeitslos geworden, so ruht der Anspruch auf Arbeitslosengeld bis zur Beendigung des Arbeitskampfes.

</td></tr>
<tr><td>

(3) Ist der Arbeitnehmer durch einen inländischen Arbeitskampf, an dem er nicht beteiligt ist, arbeitslos geworden, so ruht der Anspruch auf Arbeitslosengeld bis zur Beendigung des Arbeitskampfes, wenn

1. der Arbeitskampf auf Änderung der Arbeitsbedingungen in dem Betrieb, in dem der Arbeitnehmer zuletzt beschäftigt war, abzielt, oder

2. die Gewährung des Arbeitslosengeldes den Arbeitskampf beeinflussen würde.

</td><td>

(3) Ist der Arbeitnehmer durch einen inländischen Arbeitskampf, an dem er nicht beteiligt ist, arbeitslos geworden, so ruht der Anspruch auf Arbeitslosengeld bis zur Beendigung des Arbeitskampfes nur, wenn der Betrieb, in dem der Arbeitslose zuletzt beschäftigt war,

1. **dem räumlichen und fachlichen Geltungsbereich des umkämpften Tarifvertrages zuzuordnen ist oder**

2. **nicht dem räumlichen, aber dem fachlichen Geltungsbereich des umkämpften Tarifvertrages zuzuordnen**

</td></tr>
</table>

---

[1] BGBl. I, S. 740.

Die Bundesanstalt kann näheres durch Anordnung bestimmen; sie hat dabei innerhalb des Rahmens des Satzes 1 die unterschiedlichen Interessen der von den Auswirkungen der Gewährung oder Nichtgewährung Betroffenen gegeneinander abzuwägen.

ist und im räumlichen Geltungsbereich des Tarifvertrages, dem der Betrieb zuzuordnen ist,

a) eine Forderung erhoben worden ist, die einer Hauptforderung des Arbeitskampfes nach Art und Umfang gleich ist, ohne mit ihr übereinstimmen zu müssen, und

b) das Arbeitskampfergebnis aller Voraussicht nach in dem räumlichen Geltungsbereich des nicht umkämpften Tarifvertrages im wesentlichen übernommen wird.

Eine Forderung ist erhoben, wenn sie von der zur Entscheidung berufenen Stelle beschlossen worden ist oder auf Grund des Verhaltens der Tarifvertragspartei im Zusammenhang mit dem angestrebten Abschluß des Tarifvertrages als beschlossen anzusehen ist.

Der Anspruch auf Arbeitslosengeld ruht nach Satz 1 nur, wenn die umkämpften oder geforderten Arbeitsbedingungen nach Abschluß eines entsprechenden Tarifvertrages für den Arbeitnehmer gelten oder auf ihn angewendet würden.

(4) Ist bei einem Arbeitskampf das Ruhen des Anspruchs nach Abs. 3 für eine bestimmte Gruppe von Arbeitnehmern ausnahmsweise nicht gerechtfertigt, so kann der Verwaltungsausschuß des Landesarbeitsamtes bestimmen, daß ihnen Arbeitslosengeld zu gewähren ist. Erstrecken sich die Auswirkungen eines Arbeitskampfes über den Bezirk eines Landesarbeitsamtes hinaus, so entscheidet der Verwaltungsrat. Dieser kann auch in Fällen des Satzes 1 die Entscheidungen an sich ziehen.

(4) Ist bei einem Arbeitskampf das Ruhen des Anspruchs nach Abs. 3 für eine bestimmte Gruppe von Arbeitnehmern ausnahmsweise nicht gerechtfertigt, so kann der Verwaltungsausschuß des Landesarbeitsamtes bestimmen, daß ihnen Arbeitslosengeld zu gewähren ist. Erstrecken sich die Auswirkungen eines Arbeitskampfes über den Bezirk eines Landesarbeitsamtes hinaus, so entscheidet der Verwaltungsrat. Dieser kann auch in Fällen des Satzes 1 die Entscheidungen an sich ziehen.

(5) Die Feststellung, ob die Voraussetzungen nach Absatz 3 Satz 1 Nr. 2 Buchstaben a) und b) erfüllt sind, trifft der Neutralitätsausschuß (§ 206 a). Er hat vor seiner Entscheidung den Fachspitzenverbänden der am Arbeitskampf be-

teiligten Tarifvertragsparteien Gelegenheit zur Stellungnahme zu geben.

(6) Die Fachspitzenverbände der am Arbeitskampf beteiligten Tarifvertragsparteien können durch Klage die Aufhebung der Entscheidung des Neutralitätsausschusses nach Absatz 5 und eine andere Feststellung begehren. Die Klage ist gegen die Bundesanstalt zu richten. Ein Vorverfahren findet nicht statt. Über die Klage entscheidet das Bundessozialgericht im ersten und letzten Rechtszug. Das Verfahren ist vorrangig zu erledigen. Auf Antrag eines Fachspitzenverbandes kann das Bundessozialgericht eine einstweilige Anordnung erlassen.

§ 116 n. F. wird durch den neu in das AFG eingefügten § 206 a ergänzt.

§ 206 a

(1) Mitglieder des Neutralitätsausschusses sind die Vertreter der Arbeitnehmer und der Arbeitgeber im Vorstand sowie der Präsident der Bundesanstalt. Vorsitzender ist der Präsident der Bundesanstalt.

(2) Die Vorschriften, die die Organe der Bundesanstalt betreffen, gelten entsprechend, soweit Besonderheiten des Neutralitätsausschusses nicht entgegenstehen.

Gestützt auf § 116 III 2 AFG a. F. in Verbindung mit § 191 III AFG hatte der Verwaltungsrat der Bundesanstalt für Arbeit zur Konkretisierung des § 116 III 1 AFG a. F. als Satzung die nachfolgend in ihren wesentlichen Vorschriften abgedruckte Neutralitätsanordnung vom 25.6.1969[2] erlassen:

§ 1 Der arbeitslose Arbeitnehmer ist am Arbeitskampf nicht beteiligt im Sinne von § 116 Abs. 3 AFG, wenn er weder selbst streikt noch selbst ausgesperrt ist.

§ 2 Der Anspruch des nichtbeteiligten Arbeitnehmers (§ 1) auf Arbeitslosengeld ruht nach § 116 Abs. 3 Satz 1 Nr. 1 AFG, wenn

1. der Arbeitnehmer arbeitslos geworden ist, weil in dem Betrieb, in dem er zuletzt beschäftigt war, andere Arbeitnehmer an einem Arbeitskampf beteiligt sind, und

---

[2] BGBl. I, S. 582; zuletzt geändert mit BGBl. I, 1972, S. 1965.

2. *dieser Arbeitskampf um Arbeitsbedingungen geführt wird, die für den arbeitslosen nichtbeteiligten Arbeitnehmer zuletzt gegolten haben oder auf ihn angewendet worden sind oder bei Arbeitsaufnahme für ihn gelten oder auf ihn angewendet würden.*

§ 3 Der Anspruch des nichtbeteiligten Arbeitnehmers (§ 1) auf Arbeitslosengeld ruht nach § 116 Abs. 3 Satz 1 Nr. 1 AFG, wenn der Arbeitnehmer seine Beschäftigung in einem Betrieb verloren hat, weil in einem anderen Betrieb ein Arbeitskampf geführt wird, sofern

1. *der Betrieb, in dem der Arbeitslose zuletzt beschäftigt war, unter den räumlichen und fachlichen Geltungsbereich des umkämpften Tarifvertrages fällt und*

2. *dieser Arbeitskampf um Arbeitsbedingungen geführt wird, die für den arbeitslosen nichtbeteiligten Arbeitnehmer zuletzt gegolten haben oder auf ihn angewendet worden sind oder bei Arbeitsaufnahme für ihn gelten oder auf ihn angewendet würden.*

§ 4 Der Anspruch des nichtbeteiligten Arbeitnehmers (§ 1) auf Arbeitslosengeld ruht nach § 116 Abs. 3 Satz 1 Nr. 1 und 2 AFG, wenn der Arbeitnehmer seine Beschäftigung in einem Betrieb verloren hat, weil in einem anderen Betrieb ein Arbeitskampf geführt wird, sofern

1. *dieser Arbeitskampf auf die Änderung von Arbeitsbedingungen eines Tarifvertrages gerichtet ist und der Betrieb, in dem der Arbeitslose zuletzt beschäftigt war, zwar nicht dem räumlichen, aber dem fachlichen Geltungsbereich des in Frage kommenden Tarifvertrages zuzuordnen ist und*

2. *die Gewerkschaften für den Tarifvertragsbereich des arbeitslosen, nichtbeteiligten Arbeitnehmers nach Art und Umfang gleiche Forderungen wie für die am Arbeitskampf beteiligten Arbeitnehmer erhoben haben und mit dem Arbeitskampf nach Art und Umfang gleiche Arbeitsbedingungen durchgesetzt werden sollen.*

§ 5 Die §§ 1 bis 4 gelten entsprechend für Arbeitnehmer, die infolge eines inländischen Arbeitskampfes, an dem sie nicht beteiligt sind, einen Arbeitsausfall erleiden, auf Grund dessen sie ohne Anwendung des § 70 in Verbindung mit § 116 Abs. 1, 3 und 4 AFG einen Anspruch auf Kurzarbeitergeld nach § 65 Abs. 1 AFG haben würden.

Weil § 116 III AFG n. F. keine Konkretisierungsbefugnis des Verwaltungsrates mehr vorsieht, hat Art. 2 des Gesetzes zur Sicherung der Neutralität der Bundesanstalt für Arbeit bei Arbeitskämpfen die Neutralitätsanordnung aufgehoben.

II. Arbeitskampfbedingter Lohnverlust und Arbeitslosengeld/Kug nach § 116 AFG n. F. (Überblick)

1. Arbeitskampfbedingter Lohnverlust

Arbeitnehmer, welche *unmittelbar* an einem Arbeitskampf beteiligt sind, also *selbst* streiken oder ausgesperrt werden, erhalten weder Lohn noch Unterstützungsleistungen der Bundesanstalt für Arbeit. Das ist eindeutige und unbestrittene Grundlage des geltenden Arbeitskampfrechts und für die Unterstützungsleistungen der Bundesanstalt für Arbeit in § 116 II AFG ausdrücklich so geregelt.

Die Brisanz des § 116 AFG liegt im Bereich der *mittelbar* arbeitskampfbedingten Lohnverluste. Im Gefolge von Arbeitskämpfen kann die Arbeitsmöglichkeit für Arbeitnehmer entfallen, wenn im Betrieb etwa Materiallieferungen aus bestreikten oder aus aussperrenden anderen Betrieben ausbleiben oder die produzierten Erzeugnisse von derartigen Betrieben nicht abgenommen werden und eine Produktion auf Vorrat wirtschaftlich unvertretbar erscheint. Ob die betroffenen Arbeitnehmer in derartigen Fällen ihren Lohnanspruch behalten oder verlieren, beurteilt das Bundesarbeitsgericht seit seinem Beschluß vom 22.12.1980[3] nach dem „Grundsatz der Kampfparität".[4]

Hat ein Betrieb (vorübergehend) nicht die Möglichkeit, seine Arbeitnehmer zu beschäftigen, fallen neben den ohnehin fortlaufenden Kosten und eventuellen Gewinneinbußen fortbestehende Lohnzahlungspflichten zu Lasten des Unternehmens besonders ins Gewicht. Einstieg der neuen „Arbeitskampfrisikolehre" ist der *Schaden,* welcher mittelbar arbeitskampfbetroffenen Betrieben durch ein Fortzahlen der Löhne entsteht. In den Fällen, in welchen die Gewerkschaft diesen Schaden kampftaktisch nutzen könnte, sieht das Bundesarbeitsgericht das Verhandlungsgleichgewicht der Tarifvertragspartner wesentlich beeinflußt. Das gilt um so mehr, als unmittelbar bestreikten Betrieben das Lohnrisiko nicht aufgebürdet ist (s. soeben). Zur Wahrung der (materiellen) Kampfparität sieht es das Bundesarbeitsgericht in diesen Fällen als geboten an, die Möglichkeit der Gewerkschaften zur „Schadenszufügung" als Druckmittel dadurch zu mindern, daß auch in den mittelbar arbeitsbetroffenen Betrieben an beschäftigungslose Arbeitnehmer kein Lohn gezahlt zu werden braucht. Dabei muß die Störung des Kräfteverhältnisses durch die kampftaktischen Möglichkeiten der Gewerkschaften „bei einer im Interesse der Rechtssicherheit typisierenden Betrachtung" real *feststellbar* sein; die bloß abstrakte Möglichkeit einer Beeinflussung genügt nicht. In welchen Fallkonstellationen eine nennenswerte Beeinflussung real feststellbar ist, hat das Bundesarbeitsgericht bisher nicht abschließend aufgelistet. Der Lohnanspruch ruht aber jedenfalls, wenn der mittelbar arbeitskampfbetroffene Betrieb derselben Branche wie der umstrittene Tarifvertrag angehört und auf der Arbeitnehmerseite die gleiche Gewerkschaft sowie auf der Arbeitgeberseite ein Arbeitgeberverband unter dem „Dach" des gleichen Fachspitzenverbandes (Gesamtmetall) zuständig ist. In diesem Fall sieht das Bundesarbeitsgericht „bei der gebotenen typisierenden Betrach-

---

[3] BAG, DB 1981, 321.

[4] Diese Sicht tritt an die Stelle der „Sphärentheorie", welche das BAG bis dahin vertreten hatte; s. AP Nr. 2 bis 5, 8 zu § 615 BGB „Betriebsrisiko".

tung" den kampftaktischen Vorteil der Gewerkschaft bei einer Fortzahlung der Löhne darin gegeben, daß der mittelbar arbeitskampfbetroffene Betrieb verstärkt einen Binnendruck auf den kämpfenden Arbeitgeberverband zur Verkürzung des Arbeitskampfes ausüben würde, wenn er die Löhne fortzahlen müßte.

2. § 116 AFG n. F. (Überblick)

In seinem Beschluß vom 22.12.1980 betont das Bundesarbeitsgericht, daß es *alleine* paritäts*widrig* sei, wenn den mittelbar arbeitskampfbetroffenen Betrieben in den genannten Fällen die *Last* der Lohnfortzahlung aufgebürdet bleibe. Daß die Bundesanstalt für Arbeit an die mittelbar arbeitskampfbetroffenen Arbeitnehmer Unterstützungen zahlt und die Gewerkschaft so eventuell von einem Binnendruck *ihrer* Mitglieder *ent*lastet werden könnte, hält das Bundesarbeitsgericht hingegen für vereinbar mit dem Paritätsprinzip. Demgemäß sieht § 116 III AFG alter wie neuer Fassung vor, daß mittelbar arbeitskampfbetroffene Arbeitnehmer im Grundsatz einen Anspruch auf Leistungen der Bundesanstalt für Arbeit haben. Denn nach der ausdrücklichen Regelung des § 116 III AFG ruht der Anspruch „nur", wenn einer der in § 116 III AFG genannten Ruhenstatbestände einschlägig ist. Weil in der Regel nur ein Lohnverlust eintritt, das Arbeitsverhältnis aber ungekündigt bleibt, geht es dabei regelmäßig um Kurzarbeitergeld (Kug) (§ 116 III i. V. mit § 70 AFG),[5] nur bei Kündigung um Arbeitslosengeld (§ 116 III AFG in unmittelbarer Anwendung).

Daß bei mittelbar arbeitskampfbedingtem Lohnverlust im Grundsatz Kug/Arbeitslosengeld zu zahlen ist, hat nur *rechtliche* Bedeutung als Beweisregel: Wenn sich nicht nachweisen läßt, daß einer der Ruhenstatbestände des § 116 III 1 AFG einschlägig ist, muß Kug/Arbeitslosengeld gezahlt werden. Wie groß die Bereiche sind, in welchen nach § 116 III 1 AFG Kug/Alg gezahlt wird und in welchen der Anspruch auf Kug/Alg ruht, beurteilt sich nach der Formulierung der Ruhenstatbestände.

a) Nach § 116 III 1 Nr. 1 i. V. mit § 116 III 3 AFG n. F. *ruht* der Anspruch auf Kug/Alg eindeutig, wenn der mittelbar arbeitskampfbetroffene Betrieb *räumlich und fachlich* dem umkämpften Tarifvertrag zuzuordnen ist und die umkämpften Arbeitsbedingungen nach Abschluß eines entsprechenden Tarifvertrages für den mittelbar arbeitskampfbetroffenen Arbeitnehmer rechtlich oder faktisch gelten werden. Insoweit formuliert § 116 III 1 Nr. 1 AFG einen Ruhenstatbestand, welcher schon in §§ 2 und 3 der Neutralitätsanordnung klarstellend enthalten war.

---

[5] Ebenso *Gagel*, AFG, § 116 Rn. 20 f.; *Jülicher*, RdA 1979, 340 ff.

b) Umgekehrt ruht der Anspruch auf Kug/Alg nach der klaren Aussage in § 116 III in zwei Fällen nicht. Erstens besteht der Anspruch auf Kug/Alg stets, wenn der mittelbar arbeitskampfbetroffene Betrieb *nicht* dem *fachlichen* Geltungsbereich des umkämpften Tarifvertrages zuzuordnen ist, also tarifvertraglich gesehen einer anderen Branche angehört. Das folgt schon daraus, daß derartige Betriebe in der Ruhensvorschrift des § 116 III 1 AFG nicht aufgeführt sind, wird durch § 116 I 2 AFG in an sich überflüssiger Weise aber auch noch ausdrücklich klargestellt. Ob ein Anspruch auf Kug/Alg in diesen Fällen *relevant* werden kann, ist allerdings fraglich. Bisher ist keine Entscheidung des Bundesarbeitsgerichts ersichtlich, nach welcher die Arbeitnehmer ihren Lohnanspruch in einem mittelbar arbeitskampfbetroffenen Betrieb einer *anderen* Branche verlieren.

Zweitens ist Kug/Alg außerhalb des räumlichen Geltungsbereiches des umkämpften Tarifvertrages im *fachlichen* Geltungsbereich stets zu zahlen, wenn für den mittelbar arbeitskampfbetroffenen Betrieb noch Friedenspflicht herrscht und/oder wenn in ihm noch keine Forderungen erhoben worden sind oder als erhoben zu gelten haben (vgl. § 116 III 1 Nr. 2 a i. V. mit § 116 III 2 AFG).[6] Allerdings hat auch diese Fallkonstellation — jedenfalls gegenwärtig — keine praktische Bedeutung. Zwar würde nach der Rechtsprechung des Bundesarbeitsgerichts in diesen Betrieben möglicherweise der Lohnanspruch entfallen. Nach den gegenwärtigen Gepflogenheiten (im Metallbereich) endet die Friedenspflicht in den verschiedenen Tarifgebieten aber nicht derart versetzt und werden auch die Forderungen zeitlich nicht derart versetzt erhoben.

c) Sieht man von diesem im Gesetz klar entschiedenen (bisher theoretischen) Fall der Leistungspflicht ab, ist die Leistungspflicht der Bundesanstalt für Arbeitnehmer in mittelbar arbeitsbetroffenen Betrieben, welche nicht dem räumlichen, aber dem fachlichen Geltungsbereich des umkämpften Tarifvertrages zuzuordnen sind, umstritten. § 116 III 1 Nr. 2 i. V. mit § 116 III 2 AFG, welcher diesen Bereich betrifft, verwendet so viele unbestimmte Gesetzesbegriffe, daß er in seinen Einzelvoraussetzungen unklar ist. Der Ruhenstatbestand des § 116 III 1 Nr. 2 AFG steht (zunächst) im Zentrum der nachfolgenden Darstellungen.

III. Der strittige § 116 III 1 Nr. 2 AFG n. F.
vor dem Hintergrund der bisherigen Rechtslage

1. Bisherige Rechtslage

Ob und inwieweit der Anspruch auf Arbeitslosengeld/Kug für mittelbar arbeitskampfbetroffene Arbeitnehmer in Betrieben außerhalb des räumli-

---

[6] s. hierzu *Seiter*, NJW 1987, 1 (7).

chen Geltungsbereiches des umkämpften Tarifvertrages ruhte, war unter der Herrschaft des § 116 III AFG a. F. umstritten. Drei Ansichten standen sich gegenüber.

Die erste Ansicht wurde insbesondere durch ein Urteil des Bundessozialgerichts vom 9.9.1975 repräsentiert.[7] Nach diesem Urteil traf die Ruhensvorschrift des § 116 III AFG a. F. sowohl in ihrem „Abzieltatbestand" (Nr. 1) als auch in ihrem „Beeinflussenstatbestand" (Nr. 2) im Grundsatz alleine den räumlichen und fachlichen Geltungsbereich des umkämpften Tarifvertrages. Gewisse Grenzüberschreitungen hielt das Gericht nur für bestimmte, seltene Extremkonstellationen für möglich, welche hier nicht im einzelnen ausgebreitet zu werden brauchen. Folgte man der Ansicht des Bundessozialgerichts, war § 4 der Neutralitätsanordnung wegen Verstoßes gegen § 116 III AFG nichtig, weil er die Ruhensgrenze zu weit zog, nämlich (bei Gleichheit der erhobenen Forderungen) das Ruhen des Anspruches auf Arbeitslosengeld/Kug auf Betriebe erstreckte, welche *nicht* im räumlichen, sondern nur im fachlichen Geltungsbereich des umkämpften Tarifvertrages angesiedelt waren.[8] Zwar sah das Bundessozialgericht in *Analogie* zum „Abzieltatbestand" des § 116 III Nr. 1 AFG einen Ruhenstatbestand im bloß fachgleichen Tarifgebiet ausnahmsweise dann als gegeben an, wenn ein „Modellarbeitskampf" vorlag. Dabei definierte das Gericht den Modellarbeitskampf entsprechend § 4 Neutralitätsanordnung über die Gleichheit der erhobenen Forderungen. *Zusätzlich* verlangte das Gericht in der Definition des Modellarbeitskampfes aber, daß „die anderen Tarifpartner von vornherein die Absicht haben, den erkämpften Tarifvertrag für ihr Tarifgebiet inhaltlich zu übernehmen". *Diese* in der Sicht des Bundessozialgerichts erforderliche zusätzliche Tatbestandsvoraussetzung enthielt § 4 Neutralitätsanordnung nicht.

Die zweite — dem Bundessozialgericht entgegengesetzte — Ansicht legte den „Abzieltatbestand" oder jedenfalls den „Beeinflussenstatbestand" in § 116 III AFG a. F. so weit aus, daß der Anspruch auf Arbeitslosengeld/Kug weitgehend oder ganz auch außerhalb des räumlichen Geltungsbereichs des Tarifvertrages ruhen konnte. Das galt im nur fachgleichen Tarifgebiet und teilweise auch in einem fachfremden Tarifgebiet.[9] Nach dieser Ansicht war § 4 Neutralitätsanordnung wegen Verstoßes gegen § 116 III AFG a. F. nichtig, weil er die Ruhensgrenze zu eng zog.[10]

Eine dritte — gleichsam vermittelnde — Ansicht ging davon aus, daß die Ruhenstatbestände des § 116 III AFG a. F. im Prinzip über den räumlichen

---

[7] BSGE 40, 190 = NJW 1976, 689 mit Belegen aus der Literatur.

[8] Ebenso zu dieser unabweisbaren Konsequenz aus der Entscheidung des BSG *Seiter*, Staatliche Neutralität im Arbeitskampf, 1985, S. 49 ff. (52).

[9] Exemplarisch und zusammenfassend zu dieser Ansicht *Seiter*, aaO, S. 54 ff., 60 ff.

[10] *Seiter*, aaO, S. 71.

und fachlichen Geltungsbereich des umkämpften Tarifvertrages hinausreichen konnten. Diese Ansicht betonte aber die Unbestimmtheit und Konkretisierungsbedürftigkeit des Abzieltatbestandes und des Beeinflussenstatbestandes und verwies darauf, daß der Gesetzgeber damit eine Bandbreite möglicher Konkretisierungen offengelassen habe. Weil § 116 III 2 AFG nur so Sinn haben konnte, nahm diese Ansicht an, daß die genaue *rechtsverbindliche* Konkretisierung innerhalb der erwähnten Bandbreite durch § 116 III 2 AFG a. F. i. V. mit § 191 III AFG dem Verwaltungsrat der Bundesanstalt in Satzungsautonomie (Neutralitätsanordnung) überlassen sei.[11] So gesehen erschien § 4 Neutralitätsanordnung als gesetzes*konforme* verbindliche Konkretisierung des § 116 III AFG. Allerdings entstanden zwei Folgeprobleme.

Erstens: Auch § 4 Neutralitätsanordnung war auslegungsbedürftig. Insoweit war insbesondere strittig, wann „nach Art und Umfang gleiche Forderungen" vorlagen. Für die Frage nach der Gleichheit wurde einerseits eine formelle Anknüpfung an den Wortlaut der Forderungen („identisch", „fast identisch"),[12] andererseits in eher materialer Betrachtung eine Anknüpfung an die wirtschaftliche Bedeutung der Forderungen[13] favorisiert. Strittig war des weiteren, auf welche der erhobenen Forderungen abzustellen war, ob alle Forderungen verglichen werden mußten oder ob nur die „Kernforderungen" übereinstimmen mußten.[14] Je danach, welche der verschiedenen Ansichten man zugrunde legte, war der Ruhenstatbestand des § 4 Neutralitätsanordnung sehr eng (Identität in allen Forderungen) oder verhältnismäßig weit gefaßt (Übereinstimmung der Kernforderungen, und das nur im wesentlichen).

Zweitens: In der Literatur war aus verfassungsrechtlichen Gründen angezweifelt worden, ob § 116 III 2 AFG dem Verwaltungsrat der Bundesanstalt für Arbeit als Selbstverwaltungsorgan die Regelungskompetenz für die Außengrenze des Sozialversicherungssystems zum System der Tarifautonomie (§ 4 NAO) hatte übertragen können.[15]

Für die *Praxis* war entscheidend, daß sich das Bundessozialgericht der ersten der skizzierten Ansichten zur Auslegung des § 116 III AFG a. F. angeschlossen hatte. Gestützt auf das Urteil des Bundessozialgerichts vom

---

[11] Exemplarisch *Schwerdtfeger*, Arbeitslosenversicherung und Arbeitskampf, Neue Aspekte zum unbestimmten Gesetzesbegriff, 1974, S. 47 ff.

[12] LSG Bremen, NZA 1984, 132 (135 — „identisch"); Hess. LSG, NZA 1984, 100 (102 — „fast identisch").

[13] Auf dieser Linie BSG, NJW 1976, 689 (690, 692).

[14] Zusammenfassend dazu die Begründung der Bundesregierung zum Neutralitäts-Sicherungsgesetz, BRats-Drucks. 600/85, S. 11.

[15] Exemplarisch hierzu *Isensee*, DB 1985, 2681 (2684 ff.); *ders.*, DB 1986, Heft 8. Zur verfassungsrechtlichen Abdeckung dieser Satzungsautonomie des Verwaltungsrats s. aber *Schwerdtfeger*, aaO, S. 72 ff.

9.9.1975 konnte sie davon ausgehen, daß der Anspruch mittelbar arbeitskampfbetroffener Arbeitnehmer auf Arbeitslosengeld/Kug kraft der *gesetzlichen* Regelung des § 116 III AFG a. F. alleine im räumlichen und fachlichen
Geltungsbereich des umkämpften Tarifvertrages ruhte und daß § 4 Neutralitätsanordnung also nichtig war. Zwar hatte der Präsident der Bundesanstalt
für Arbeit im Arbeitskampf 1984 in der Metallindustrie Nordwürttemberg-
Nordbaden um den Einstieg in die 35-Stunden-Woche versucht, die Entscheidung des Bundessozialgerichts zu übergehen und § 4 Neutralitätsanordnung — bei gleichzeitig weiter Auslegung — anzuwenden. Mit „Schnellbrief"
vom 18.5.1984 an die Landesarbeitsämter und Arbeitsämter hatte der
Präsident der Bundesanstalt für Arbeit nämlich mitgeteilt („Franke-Erlaß"):

> „Zu der Frage, ob bei mittelbar arbeitskampfbedingtem Arbeitsausfall im fach-
> lichen Geltungsbereich des umkämpften Tarifvertrages, aber außerhalb des Ar-
> beitskampfbezirkes, Lohnersatzleistungen (Arbeitslosengeld, Arbeitslosenhilfe,
> Kug) zu gewähren sind, vertrete ich ... die Auffassung, daß ein Leistungsanspruch
> nach § 4 Neutralitätsanordnung ruht. Ich bitte entsprechend zu verfahren.
>
> Dieser Auffassung liegt zugrunde, daß bei der gegenwärtigen Tarifrunde in allen
> Tarifbezirken i. S. des § 4 Neutralitätsanordnung sowohl ‚nach Art und Umfang
> gleiche Forderungen' erhoben werden, als auch mit dem Arbeitskampf ‚nach Art
> und Umfang gleiche Arbeitsbedingungen' durchgesetzt werden sollen. Bei der
> Beurteilung war entscheidend, daß der in allen Tarifbezirken erhobenen Forde-
> rung nach Einführung der 35-Stunden-Woche bei vollem Lohnausgleich die
> weitaus überragende Bedeutung beigemessen werden muß, so daß die übrigen
> Forderungen im Verhältnis hierzu nicht mehr als gravierend angesehen werden
> können".

Aber dieser Verstoß des Präsidenten der Bundesanstalt für Arbeit hatte
vor den angerufenen Sozialgerichten keinen Bestand. In den zunächst
eingeleiteten (und erfolgreichen) Verfahren auf Erlaß einstweiliger Anord-
nungen mit ihrer nur summarischen Überprüfung legten die Gerichte ohnehin das Urteil des Bundessozialgerichts vom 9.9.1975 zugrunde (und setzten
also die Vollziehung des „Franke-Erlasses" aus).[16] Aber auch in den anschlie-
ßenden Hauptsacheverfahren folgten das Sozialgericht Frankfurt,[17] das
Hessische Landessozialgericht,[18] das Sozialgericht Bremen[19] und das Landessozialgericht Bremen[20] der Rechtsprechung des Bundessozialgerichts.
Daß es über eine (anhängige) Revision beim Bundessozialgericht gelingen
könnte, die Ansicht des Bundessozialgerichts zu verändern, ist derzeit nicht
absehbar.

---

[16] LSG Bremen, NZA 1984, 132 (135); Hess. LSG, NZA 1984, 100.
[17] NZA 1986, 498.
[18] Urteil vom 20.12.1989.
[19] Urteil vom 9.4.1986.
[20] Urteil vom 13.12.1988.

2. Entstehungsgeschichte und Inhalt des § 116 III 1 Nr. 2 AFG n. F.

Vor diesem Hintergrund ist das Gesetz zur Sicherung der Neutralität der Bundesanstalt für Arbeit bei Arbeitskämpfen vom 15. Mai 1986 ergangen. Nach der Begründung der Bundesregierung zu ihrem Gesetzentwurf[21] und nach dem Bericht des BT-Ausschusses für Arbeit und Sozialordnung vom 18. März 1986[22] sollen mit dem Gesetz im Interesse der Rechtssicherheit Unsicherheiten zur bisherigen Rechtslage klarstellend beseitigt werden. Dabei geht es „um Klarstellung des gesetzgeberischen Willens", wie er § 116 III AFG a. F. zugrunde gelegen habe.

Geht man davon aus, daß eine unsichere Rechtslage herkömmlich durch die höchstrichterliche Rechtsprechung klargestellt wird und daß die Rechtsprechung dabei auch den gesetzgeberischen Willen verbindlich klarstellt, war nach der Entscheidung des Bundessozialgerichts vom 9.9.1985 kein Klarstellungsbedürfnis mehr vorhanden. Der Anwendungsbereich des § 116 III AFG a. F. *war* durch diese Entscheidung klar abgegrenzt. Wie die Gesetzesüberschrift „Gesetz zur *Sicherung* der Neutralität der Bundesanstalt für Arbeit bei Arbeitskämpfen" zeigt, hatte das Bundessozialgericht den Inhalt des § 116 III AFG a. F. aber nach den *politischen* Vorstellungen der Mehrheit des Bundestages nicht „richtig" klargestellt. Der Gesetzgeber wollte die Neutralität der Bundesanstalt für Arbeit offenbar gerade auch gegen diese Rechtsprechung des Bundessozialgerichts sichern, indem er die Ruhenstatbestände des § 116 Nr. 2 AFG n. F. weiter gefaßt hat, als das Bundessozialgericht sie in der Beschränkung auf den räumlichen und fachlichen Geltungsbereich des umkämpften Tarifvertrages fixiert hatte. Daß das Neutralitäts-Sicherungsgesetz mit der Neufassung des § 116 III 1 Nr. 2 AFG den „wahren" Willen des AFG-Gesetzgebers von 1969 treffe und damit die Rechtsprechung des Bundessozialgerichts zugunsten dieses Willens korrigiere, ist eine Behauptung, welche sich *objektiv* nicht verifizieren läßt. § 116 III AFG a. F. war inhaltlich eben *unbestimmt*. So ist die Bezugnahme auf einen angeblich vorhandenen Willen des Gesetzgebers von 1969 lediglich ein Umweg, um das darzulegen, was der *heutige politische* Wille des Gesetzgebers des Neutralitäts-Sicherungsgesetzes ist.

Entsprechend seinem Anliegen, eine (politische) Klarstellung zu bringen, hat der Gesetzgeber versucht, § 116 III 1 Nr. 2 AFG n. F. möglichst präzise zu fassen. Rechtstechnisch gesehen ist der Gesetzgeber dabei dem Vorbild des § 4 Neutralitätsanordnung gefolgt: Er hat sich von den abstrakt formulierten Tatbeständen des „Abzielens" und „Beeinflussens" gelöst und knüpft statt dessen an konkret erhobene Forderungen an (= § 116 III 1 Nr. 2 a AFG n. F.).

---

[21] BRats-Drucks. 600/85, S. 6.
[22] BT-Drucks. 10/5214, S. 11.

Im Gesetzentwurf der Bundesregierung[23] hatte § 116 III AFG n. F. folgenden Wortlaut:

„Ist der Arbeitnehmer durch einen inländischen Arbeitskampf, an dem er nicht beteiligt ist, arbeitslos geworden, so ruht der Anspruch auf Arbeitslosengeld bis zur Beendigung des Arbeitskampfes nur, wenn der Betrieb, in dem der Arbeitslose zuletzt beschäftigt war,

1. dem räumlichen und fachlichen Geltungsbereich des umkämpften Tarifvertrages zuzuordnen ist, oder

2. nicht dem räumlichen, aber dem fachlichen Geltungsbereich des umkämpften Tarifvertrages zuzuordnen ist und im räumlichen Geltungsbereich des Tarifvertrages, dem der Betrieb zuzuordnen ist, eine Forderung erhoben worden ist, die einer Hauptforderung des Arbeitskampfes nach Art und Umfang annähernd gleich ist.

Der Anspruch auf Arbeitslosengeld ruht nur, wenn die umkämpften oder geforderten Arbeitsbedingungen nach Abschluß eines entsprechenden Tarifvertrages für den Arbeitnehmer gelten oder auf ihn angewendet würden".

Das Abstellen auf die „Hauptforderung des Arbeitskampfes" knüpft offenbar an das Verständnis des § 4 Neutralitätsanordnung im „Franke-Erlaß"[24] an.

Der BT-Ausschuß für Arbeit und Sozialordnung hat am 26./27.2.1986 und 10.3.1986 in einer öffentlichen Informationssitzung zum Gesetzentwurf der Bundesregierung Sachverständige aus den einschlägigen Verbänden, aus der Wissenschaft und aus Betriebsräten von Unternehmen angehört, welche im Metall-Arbeitskampf 1984 mittelbar vom Arbeitskampf betroffen waren.[25] Die Anhörung betraf die Auswirkungen der Gesetzesänderung auf den Arbeitskampf, die politische Bewertung der Änderung, die Frage nach einer hinreichenden Klarheit der Neufassung und die Frage nach der Vereinbarkeit der Neufassung mit dem Grundgesetz. Dabei ging es einerseits um das verfassungsrechtliche Bestimmtheitsgebot, andererseits um den Schutz der Versicherten durch Art. 14 I GG und um die Kampfparität im Arbeitskampf nach Art. 9 III GG.

Als Ertrag aus der Anhörung hat der Ausschuß für Arbeit und Sozialordnung mit der Mehrheit seiner Mitglieder (CDU/CSU, FDP) die heute gültige Fassung des § 116 III AFG vorgeschlagen.[26] In § 116 III 1 Nr. 2 (a) sind die Worte „annähernd gleich" durch die Worte „gleich, ohne mit ihr überein-

---

[23] BRats-Drucks. 600/85, S. 2.

[24] s. S. 20.

[25] Stenographisches Protokoll der 91./92./93. Sitzung des Ausschusses für Arbeit und Sozialordnung — 752 — 2450 —.

[26] Beschlußempfehlung und Bericht des Ausschusses für Arbeit und Sozialordnung (11. Ausschuß) vom 18.3.1986, BT-Drucks. 10/5214.

stimmen zu müssen" ersetzt worden. Damit sollte „deutlicher als im Regierungsentwurf zum Ausdruck gebracht werden, daß mit dem Wort ‚gleich' nicht, wie in der öffentlichen Diskussion zum Teil vertreten worden sei, identische, d. h. auch in allen Einzelheiten völlig übereinstimmende Forderungen gemeint seien. Der Begriff ‚gleich' sei vielmehr — wie jeder Rechtsbegriff — unter Berücksichtigung von Sinn und Zweck der gesetzlichen Regelung auszulegen. Damit sei auf die jeweilige tarifliche Ausgangslage, die das wirtschaftliche Gewicht der Forderung beeinflusse, Rücksicht zu nehmen".[27] Der neu eingefügte § 116 III 2 AFG präzisiert, wann eine Forderung „erhoben" ist.

Politisch gesehen als *Gegensteuerung* gegen den Regierungsentwurf ist als zusätzliche Ruhensvoraussetzung § 116 III 1 Nr. 2 b AFG formuliert worden. Es reicht nicht alleine die Gleichheit einer erhobenen Forderung mit einer Hauptforderung des Arbeitskampfes (§ 116 III 1 Nr. 2 a). Vielmehr muß außerdem „das Arbeitskampfergebnis aller Voraussicht nach in dem räumlichen Geltungsbereich des nicht umkämpften Tarifvertrages im wesentlichen übernommen" werden (= *Übernahmeprognose*). (Es wird sich zeigen,[28] daß diese Übernahmeprognose an besondere Voraussetzungen gebunden ist, welche auch bei Gleichheit der genannten Forderungen nicht ohne weiteres vorliegen.)

IV. Neutralitätsausschuß und Ersetzbarkeit seiner Entscheidung durch des Bundessozialgericht (§ 116 V, VI i. V. mit § 206 a AFG n. F.)

Auf Vorschlag des Ausschusses für Arbeit und Sozialordnung (Ausschußmehrheit) sind außerdem die Vorschriften über den „Neutralitätsausschuß" in das Gesetz eingefügt worden (§ 116 V i. V. mit § 206 a AFG). Der Neutralitätsausschuß hat die Feststellung zu treffen, ob die Ruhensvoraussetzungen nach § 116 III 1 Nr. 2 a und b AFG erfüllt sind. Mitglieder des Neutralitätsausschusses sind die Vertreter der Arbeitnehmer und der Arbeitgeber im Vorstand der Bundesanstalt sowie der Präsident der Bundesanstalt (§ 206 a AFG). Der Neutralitätsausschuß „hat vor seiner Entscheidung den Fachspitzenverbänden der am Arbeitskampf beteiligten Tarifvertragsparteien Gelegenheit zur Stellungnahme zu geben" (§ 116 V 2 AFG). Der Bericht des Ausschusses für Arbeit und Sozialordnung berichtet über die Motive der Ausschußmehrheit zur Einfügung des § 116 V AFG wie folgt:

---

[27] So der Ausschußbericht BT-Drucks. 10/5214, S. 12.

[28] S. 58 ff.

„Diese Regelung berücksichtige, daß die genannte Entscheidung für den Arbeitskampf von besonderer Bedeutung sei und in der Regel mehrere Tarifbezirke im
fachlichen Geltungsbereich eines Tarifvertrages betreffe. Sie solle zugleich gewährleisten, daß der entscheidungserhebliche Sachverhalt vollständig ermittelt
werde und die für beide Seiten maßgeblichen Gesichtspunkte — auch unter
Nutzung des Sachverstandes und der Erfahrungen der Vertreter der Arbeitnehmer und der Arbeitgeber in der Selbstverwaltung der Bundesanstalt für Arbeit —
umfassend gewürdigt würden".[29]

§ 116 VI AFG soll ein Instrumentarium dafür schaffen, daß möglichst
schnell das Bundessozialgericht über das Vorliegen oder Nichtvorliegen der
Ruhensvoraussetzungen des § 116 III 1 Nr. 2 a und b AFG entscheiden kann.

Einem Antrag der SPD-Ausschußmitglieder, auch die neu eingefügten
Absätze 5 und 6 des § 116 AFG zum Gegenstand einer Sachverständigenan-
hörung zu machen, hat der Ausschuß für Arbeit und Sozialordnung nicht
entsprochen. Daraufhin hat die Arbeitsgruppe „Arbeit und Sozialordnung"
der SPD-Bundestagsfraktion am 18.3.986 eine eigene öffentliche Sachver-
ständigenanhörung durchgeführt („SPD-Anhörung").[30]

V. Aufgaben der Arbeit

Mit seiner Schrift „Arbeitslosenversicherung und Arbeitskampf, Neue
Aspekte zum unbestimmten Gesetzesbegriff", 1974, hat sich der Verfasser
dieser Arbeit um die Exegese des § 116 III AFG a. F. und um die Exegese der
Neutralitätsordnung bemüht. Die nachfolgenden Ausführungen verstehen
sich als Fortschreibung der früheren Darstellungen. Sie kümmern sich um
die Auslegung des § 116 III 1 Nr. 2 AFG im einzelnen, um den Neutralitätsausschuß und die Bindungswirkung seiner Feststellung sowie um Fragen des
Rechtsschutzes. Diese „einfachgesetzlichen" Ansätze führen in verfassungsrechtliche Probleme hinein. So werden der verfassungskräftige Bestimmtheitsgrundsatz, Verfassungsfragen aus der Zusammensetzung des Neutralitätsausschusses („institutionalisierte Befangenheiten") und Fragen des Art.
19 IV GG erörtert.

In allem greift die Arbeit gezielt Fragen auf, welche bisher noch nicht oder
nur wenig diskutiert worden sind. Als „Preis" dafür müssen die zwei
„großen" verfassungsrechtlichen Fragen ausgeklammert bleiben, welche die
Diskussion um die Neufassung des § 116 III AFG bisher beherrschen: die
Frage, ob die Neufassung des § 116 III AFG die durch Art. 9 III GG
garantierte Arbeitskampfparität in verfassungswidriger Weise aus dem Lot

---

[29] BT-Drucks. 10/5214, S. 13 f.; s. ferner dort S. 17.
[30] s. das (offenbar unveröffentlichte) Protokoll vom 23.4.1986.

bringt, und die Frage, ob die Neuregelung gegen das Grundrecht der Versicherten aus Art. 14 GG verstößt. Aber dieser Verzicht mag vertretbar sein, weil die Argumente für und wider bereits in anderen Untersuchungen umfassend zusammengetragen und ausgetauscht worden sind.[31]

---

[31] Zu nennen sind insbesondere die Gutachten einerseits von *Benda*, Sozialrechtliche Eigentumspositionen im Arbeitskampf, 1986, und andererseits von *Ossenbühl / Richardi*, Neutralität im Arbeitskampf, 1987, sowie die Schriften von *Seiter*, Staatsneutralität im Arbeitskampf, 1987, und Staatliche Neutralität im Arbeitskampf, 1985.

1. Teil

Die Ziele und Wirkungen des Neutralitäts-SicherungsG

Als Orientierung für die Auslegung des § 116 III 1 Nr. 2 AFG und als Grundlage für die anstehenden verfassungsrechtlichen Untersuchungen empfiehlt es sich, vorweg die (materiellen) Ziele und die Wirkungen des Gesetzes zu ermitteln und abzutasten. Die Ziele und Wirkungen des § 116 III 1 Nr. 2 AFG n. F. werden vor dem Hintergrund der historischen Entwicklung besonders plastisch. Deshalb ist auch diese kurz zu skizzieren.

I. Die Ziele der gesetzlichen Regelungen bis zum Neutralitäts-SicherungsG

1. § 94 AVAVG 1927

Das AVAVG 1927 war die erste umfassende reichseinheitliche Regelung zum Arbeitslosenwesen. Nach § 94 II AVAVG 1927 waren mittelbar arbeitskampfbetroffene Arbeitnehmer nur zu unterstützen, „wenn die Verweigerung der Arbeitslosenunterstützung eine unbillige Härte wäre".[1] Ob Unbilligkeit vorlag, wurde als Ermessensentscheidung der Reichsanstalt für Arbeitsvermittlung und Arbeitslosenversicherung angesehen.[2] Mittelbar arbeitskampfbetroffene Arbeitnehmer waren also von vornherein auf das *gewährende Ermessen* der Reichsanstalt verwiesen.

Gem. § 94 III hatte der Verwaltungsrat der Reichsanstalt Richtlinien darüber zu erlassen, „in welchen Fällen eine unbillige Härte anzunehmen ist". Dabei hatte er „vorzusorgen, daß durch die Arbeitslosenunterstützung nicht in die Wirtschaftskämpfe eingegriffen wird" (§ 94 III 2 AVAVG 1927). Mit dem Maßstab der (Un)billigkeit und mit dem Gebot, daß nicht in Wirtschaftskämpfe (Arbeitskämpfe) eingegriffen werden durfte, enthielt bereits das AVAVG 1927 die *beiden* zentralen Grundgedanken, welche sich in den späteren gesetzlichen Regelungen wiederfinden.

---

[1] § 94 AVAVG 1927 und alle weiteren nachfolgend zitierten Regelungen sind abgedruckt bei *Schwerdtfeger*, Arbeitslosenversicherung und Arbeitskampf, S. 113 ff.

[2] s. II. der Richtlinien des Verwaltungsrats der Reichsanstalt über die Gewährung von Arbeitslosenunterstützung an durch Ausstand oder Aussperrung mittelbar arbeitskampfbetroffene Arbeitslose vom 27.3.1928, Reichsarbeitsblatt 1928 I, S. 47; *Schwerdtfeger*, aaO, S. 114.

a) Allerdings hat der Gedanke der (Un)billigkeit seinen prägenden Ansatz erst durch die Richtlinien des Verwaltungsrats der Reichsanstalt vom 27.3.1928 erhalten. § 94 III AVAVG 1927 hatte dem Verwaltungsrat vorgeschrieben, in seinen Richtlinien positiv die Fälle aufzulisten, in welchen eine „unbillige Härte" anzunehmen ist und also Arbeitslosenunterstützung *erbracht* wird. Diesen Weg haben die zitierten Richtlinien aber nicht eingeschlagen. Sie haben *umgekehrt die* Fälle genannt, in welchen *keine* „unbillige Härte" angenommen werden sollte. Mit der Zahlung von Arbeitslosenunterstützung an mittelbar arbeitskampfbetroffene Arbeitnehmer tritt die Solidargemeinschaft der Arbeitslosenversicherung ein, um den Lohnverlust — jedenfalls teilweise — auszugleichen. In den Fällen, welche die Richtlinien des Verwaltungsrats von 1928 nennen, erscheint es nach der Wertung des Verwaltungsrats im Verhältnis der Solidargemeinschaft der Arbeitslosenversicherung zum mittelbar arbeitskampfbetroffenen Arbeitnehmer *nicht* als billig und gerecht, die Solidargemeinschaft für den arbeitskampfbedingten Lohnverlust eintreten zu lassen. Diese Billigkeitserwägungen im Verhältnis der Arbeitslosenversicherung zu den bei ihr versicherten Arbeitnehmern sind auf der Ebene des Sozialversicherungsrechts, *nicht* des Arbeitskampfrechts angesiedelt. Um das am Beispiel von I Nr. 2 der Richtlinien des Verwaltungsrates von 1928 klarzumachen: Keine „unbillige Härte" liegt vor, wenn „das Kampfergebnis die mittelbar arbeitslos gewordenen Arbeitnehmer unmittelbar betreffen wird". Hier soll Arbeitslosenunterstützung offenbar deshalb nicht gezahlt werden, weil das Arbeitskampfergebnis dem Arbeitnehmer zugute kommt. *Sozialversicherungsrechtlich* gesehen wird es nicht als „billig und gerecht" angesehen, die Solidargemeinschaft der Arbeitslosenversicherung mit der Finanzierung individueller Vorteile zu belasten.[3]

b) Das Gebot, „daß durch die Arbeitslosenunterstützung nicht in die Arbeitskämpfe eingegriffen" werden darf, hat demgegenüber einen arbeitskampfrechtlichen Ansatz. Es geht um den Neutralitätsgrundsatz. Er findet sich in I Nr. 3 der Richtlinien des Verwaltungsrats von 1928 wieder. Die Zahlung hat zu unterbleiben, „wenn durch die Arbeitslosenunterstützung eine Beeinflussung des Arbeitskampfes zu erwarten ist".

Ob und wieweit in den weiteren Verbotstatbeständen von I (Nr. 4 und 5) der Richtlinien des Verwaltungsrates sozialversicherungsrechtliche Billigkeits- und Gerechtigkeitsvorstellungen *oder* das arbeitskampfrechtliche Neutralitätsgebot ihren Ausdruck gefunden haben, mag im einzelnen dahinstehen. Denkbar ist auch, daß beide Ansätze gleichzeitig oder in gegenseitiger Ergänzung Pate gestanden haben.

---

[3] s. dazu auch *Schwerdtfeger*, aaO, S. 23 f., 32 f.

2. § 84 AVAVG 1956/57

§ 94 AVAVG 1927 wurde als § 84 AVAVG 1956/57 im Wortlaut teilweise neu gefaßt, in seinem Inhalt aber nicht prinzipiell verändert. Nach § 84 III AVAVG 1956/57 konnte an mittelbar arbeitskampfbetroffene Arbeitnehmer nach wie vor nur nach dem *Ermessen* der Bundesanstalt für Arbeit „zur Vermeidung unbilliger Härten Arbeitslosengeld gewährt werden". Damit blieben einerseits die *sozialrechtlichen* Billigkeitserwägungen als Gerechtigkeitsvorstellungen im Spiel. Dementsprechend waren gem. Art. IX § 9 des AVAVG 1956 die Richtlinien des Verwaltungsrates der Reichsanstalt von 1928 „sinngemäß anzuwenden". Andererseits blieb auch der *arbeitskampfrechtliche* Neutralitätsgrundsatz erhalten. Daß „durch die Gewährung von Arbeitslosengeld nicht in Arbeitskämpfe eingegriffen werden" darf, betonte § 84 AVAVG 1956/57 nunmehr an hervorragender Stelle bereits in seinem ersten Absatz.

3. § 116 AFG a. F.

§ 116 des Arbeitsförderungsgesetzes vom 25.6.1969 brachte den sozialstaatlichen Umschwung: An mittelbar arbeitskampfbetroffene Arbeitnehmer sind nicht nur in Härtefällen und abhängig vom Ermessen der Bundesanstalt für Arbeit, sondern im Grundsatz generell Kurzarbeitergeld oder Arbeitslosengeld zu zahlen. Gleichsam als Gegensteuerung gegen diesen Grundsatz wurden aber die Ruhenstatbestände des § 116 III AFG, nämlich der „Abzieltatbestand" (Nr. 1) und der „Beeinflussenstatbestand" (Nr. 2) formuliert. Dabei war der „Beeinflussenstatbestand" Ausdruck des in § 116 I AFG vorangestellten *arbeitskampfrechtlichen* Neutralitätsgrundsatzes. Der „Abzieltatbestand" erschien als Ausdruck *sozialversicherungsrechtlicher* Billigkeits- und Gerechtigkeitserwägungen: „Wenn der Arbeitskampf auf eine Änderung der Arbeitsbedingungen des (mittelbar arbeitskampfbetroffenen) Arbeitnehmers abzielt, muß dieser sowohl nach einer natürlichen Betrachtungsweise als auch im wirtschaftlichen Sinne als beteiligt angesehen werden".[4] Auch um die realen Vorteile dieses Arbeitnehmers wird gekämpft. *Deshalb* geboten in der Sicht des Gesetzgebers Erwägungen sozialversicherungsrechtlicher Gerechtigkeit, für seinen Lohnverlust nicht die Solidargemeinschaft *aller* Arbeitnehmer in der Arbeitslosenversicherung eintreten zu lassen, sondern ihn in eine solidare Risikogemeinschaft mit den kämpfenden Arbeitnehmern hineinzustellen.

---

[4] So der Bericht des BT-Ausschusses für Arbeit, welcher § 116 in seiner vom Bundestag verabschiedeten Fassung vorgeschlagen hatte; *zu* BT-Drucks. V/4110, S. 4, 19 f. (zu § 105); in der zitierten Passage abgedr. auch im Gesetzentwurf der Bundesregierung zum Neutralitäts-SicherungsG, BRats-Drucks. 600/85, S. 5.

Allerdings schließt diese Zuordnung nicht aus, daß der „Abzieltatbestand" (§ 116 III Nr. 1 AFG a. F.) gleichzeitig *auch* Ausdruck des in § 116 I AFG formulierten Neutralitätsgrundsatzes war. Den Blick hierfür schärft die Begründung des BT-Ausschusses für Arbeit, in welcher es im Anschluß an die soeben zitierte Passage heißt: „Die Gewährung von Arbeitslosengeld in solchen Fällen würde Schwerpunktstreiks fördern und wäre daher nicht streikneutral". Analysiert man diese Bemerkung, ergeben sich Aufschlüsse für das Zusammenspiel von § 116 III Nr. 1 („Abzieltatbestand") und Nr. 2 („Beeinflussenstatbestand") unter dem „Dach" des Neutralitätsgrundsatzes und damit für den Inhalt des Neutralitätsgrundsatzes selbst: Mit dem Stichwort „Schwerpunktarbeitskampf" setzte der BT-Ausschuß für Arbeit gezielt bei einer bestimmten denkbaren Kamp*ftaktik* an. Wenn an die mittelbar arbeitskampfbetroffenen Arbeitnehmer Unterstützung gezahlt wird, wäre den Gewerkschaften ein Schwerpunktarbeitskampf leichter möglich, als wenn Zahlungen der Bundesanstalt für Arbeit unterbleiben. Denn die Zahlung mindert den Binnendruck, welchem die kämpfende Gewerkschaft durch die mittelbar arbeitskampfbetroffenen Arbeitnehmer ausgesetzt ist. Hier könnte die Zahlung von Unterstützungsleistungen der kämpfenden Gewerkschaft also eine Taktik erleichtern, welche ohne die Zahlung nur schwerer möglich, wenn nicht unmöglich wäre. Vor diesem Hintergrund hatte der BT-Ausschuß für Arbeit versucht, mit dem „Abzieltatbestand" nicht nur sozialversicherungsrechtlich Gerechtigkeitserwägungen zum Durchbruch zu verhelfen, sondern als Ausdruck des arbeitskampfrechtlichen Neutralitätsgrundsatzes auch die Arbeitskampftaktik eines Schwerpunktarbeitskampfes zu erfassen. (Daß das „Abzielen" schlecht geeignet war, den Schwerpunktarbeitskampf zu *definieren*, steht auf einem anderen Blatt).

Demgegenüber hatte der „Beeinflussenstatbestand" (Nr. 2) den Zweck, *unabhängig* von der Kampftaktik ganz unspezifiziert Fälle zu erfassen, in welchen „die Gewährung des Arbeitslosengeldes den Arbeitskampf beeinflussen würde". Auch hier ging es um „Binnendruck", welcher durch die Zahlung des Arbeitslosengeldes von der kämpfenden Gewerkschaft genommen werden könnte. Welche Fälle das waren, läßt sich nicht eindeutig feststellen. Jedenfalls hieß es aber im Bericht des BT-Ausschusses für Arbeit, daß es sich dabei „um Ausnahmefälle handeln" werde. Also konnten nur Fälle gemeint gewesen sein, in welchen der Wegfall von Binnendruck evident und meßbar war.

Zusammengefaßt bleibt festzuhalten: Soweit es *neben* sozialversicherungsrechtlichen Gerechtigkeitsvorstellungen auch um den arbeitskampfrechtlichen Neutralitätsgrundsatz geht, sollte der „Abzieltatbestand" diesem Grundsatz eine konkrete Prägung geben: Zahlungen der Bundesanstalt sollten nicht die Taktik des Schwerpunktarbeitskampfes fördern. Als ganz *unspezifizierter* Ausdruck des Neutralitätsgrundsatzes stand der „Beeinflussenstatbestand" nur in „Auffangfunktion" im Schatten des *spezifischen* „Abzieltatbestandes".

II. Die (materiellen) Ziele des § 116 III 1 Nr. 2 AFG n. F.

1. Materialien aus dem Gesetzgebungsverfahren

In der Begründung der Bundesregierung zu § 116 III Nr. 2 AFG[5] werden die gesetzgeberischen Ziele wie folgt beschrieben:

> „Dieser Regelung liegt die Erwägung zugrunde, daß die Gewährung von Arbeitslosengeld an Arbeitnehmer im gleichen fachlichen Geltungsbereich zwar grundsätzlich den Arbeitskampf beeinflussen kann, weil die Zahlung des Arbeitslosengeldes den Druck der mittelbar betroffenen Arbeitnehmer auf die kämpfende Gewerkschaft mildert, ihnen entweder Arbeitskampfunterstützung zu zahlen oder in den Kampfforderungen nachzugeben. Ein solcher Einfluß reicht jedoch nicht aus, die Erfüllung eines Versicherungsanspruchs zu versagen. Dies gilt in besonderer Weise für die gewerkschaftlich nicht organisierten mittelbar betroffenen Arbeitnehmer. Für den Eingriff in einen solchen Anspruch bedarf es vielmehr eine besonderen Rechtfertigung. Außerdem ist eine Differenzierung nach sachlichen Gesichtspunkten geboten. Der erforderlichen besonderen Rechtfertigung und der gebotenen sachlichen Differenzierung wird dann Rechnung getragen, wenn der Arbeitslose an dem Ergebnis des Arbeitskampfes partizipiert, d. h., wenn der Arbeitskampf stellvertretend auch für die Änderung seiner Arbeitsbedingungen geführt wird und der Arbeitslose deshalb ‚nach einer natürlichen Betrachtungsweise wie auch im wirtschaftlichen Sinne als beteiligt angesehen' werden muß".

Das klingt so, als würden der „alte" „Beeinflussenstatbestand" und der „alte" „Abzieltatbestand" fortan kombiniert, so wie die Neutralitäts-Anordnung übrigens auch ihren § 4 als Kombination *beider* Tatbestände ausgab. Dieser Eindruck wird durch den Bericht des Ausschusses für Arbeit und Sozialordnung vom 18.3.1986[6] bestätigt. Dort heißt es ausdrücklich, § 116 III Nr. 2 AFG „verknüpfe die bereits im geltenden § 116 AFG enthaltenen Tatbestände (‚Beeinflussenstatbestand' und ‚Abzieltatbestand') miteinander". Eine nähere Analyse ergibt indessen, daß diese Aussagen nur bedingt zutreffen.

2. Fortentwicklung des bisherigen „Abzieltatbestandes"

Über die Stichworte „Stellvertretung" und „Partizipation" kann man § 116 III Nr. 2 AFG n. F. gedanklich ohne weiteres als Fortentwicklung des „alten" „Abzieltatbestandes" deuten.

---

[5] BRats-Drucks. 600/85, S. 13.
[6] BT-Drucks. 10/5214, S. 13.

a) Das gilt zunächst für den schon skizzierten Ansatz über *sozialversiche-rungsrechtliche Billigkeits- und Gerechtigkeitserwägungen:* Weil der Arbeits-kampf stellvertretend auch für den mittelbar arbeitskampfbetroffenen Ar-beitnehmer geführt wird und sie an seinem Ergebnis partizipieren, wäre es sozialversicherungsrechtlich gesehen „unbillig", wenn die Solidargemein-schaft der Arbeitslosenversicherung das Risiko des Lohnausfalles abdecken würde. Indirekt taucht dieser Gedanke mit der Erwähnung der gewerk-schaftlich nicht organisierten Arbeitnehmer auch in der zitierten Begrün-dung der Bundesregierung auf. Ob diese Außenseiter Arbeitslosenunterstüt-zung erhalten oder nicht, hat auf die Kampfführung der Gewerkschaften im *konkreten* Arbeitskampf keinerlei Einfluß. Wenn die mittelbar arbeits-kampfbetroffenen Außenseiter gleichwohl kein Arbeitslosengeld erhalten, weil sie am Ergebnis des Arbeitskampfes partizipieren, kann das seinen Grund *alleine* in sozialversicherungsrechtlichen Gerechtigkeitserwägungen haben.

b) Auch *arbeitskampfrechtlich* gesehen ist § 116 III Nr. 2 AFG n. F. eine Fortentwicklung des „alten" „Abzieltatbestandes". Die Neuregelung soll vermeiden, daß ein überregionaler Schwerpunktarbeitskampf durch Zah-lungen der Bundesanstalt für Arbeit erleichtert wird. Gerade deshalb wurde die Neufassung des § 116 III Nr. 2 AFG in der politischen Diskussion immer wieder mit der Bemerkung begründet, die Bundesanstalt sei nicht die „Streikkasse der Gewerkschaften". Mit dieser politischen Vorgabe war es die Aufgabe des Gesetzgebers, das Vorliegen eines überregionalen Schwerpunkt-arbeitskampfes gesetzlich zu definieren. Die Stichworte „Stellvertretung" und „Partizipation" sind gedankliche Zwischenschritte, welche zur gesetzli-chen Einzeldefinition durch die Ruhensvoraussetzungen in § 116 III 1 Nr. 2 AFG geführt haben. Dabei sind die Einzelvoraussetzungen des § 116 III 1 Nr. 2 a (Hauptforderung des Arbeitskampfes) Ausdruck des Stellvertreter-gedankens und die Voraussetzungen des § 116 III Nr. 2 b (Übernahmeprogno-se) Ausdruck des Partizipationsgedankens.[7]

3. Aufgaben des bisherigen „Beeinflussenstatbestandes"

Wenn in der Begründung der Bundesregierung und im Bericht des Aus-schusses für Arbeit und Sozialordnung der Eindruck suggeriert wird, § 116 III Nr. 2 AFG n. F. sei *auch* Ausdruck des *bisherigen* „Beeinflussenstatbe-standes", so ist das in der Sache unzutreffend. Zwar kann man formulieren,

---

[7] Gewisse Vorarbeiten zur Definition hat das Bundessozialgericht mit seiner Definition des „Modellarbeitskampfes" geleistet (zu ihr S. 18); unter einem „Modellar-beitskampf" versteht das Bundessozialgericht den überregionalen Schwerpunkt-arbeitskampf.

daß Zahlungen an mittelbar arbeitskampfbetroffene Arbeitnehmer eines überregionalen Schwerpunktarbeitskampfes den Arbeitskampf „beeinflussen" würden. Aber dieser spezifischen Beeinflussung im Rahmen der genannten Arbeitskampf*taktik* wurde nach dem Gesagten schon durch den „alten" „Abzieltatbestand" entgegengewirkt. Der „alte" „Beeinflussenstatbestand" betraf nur unspezifische Beeinflussungen. An solche Beeinflussungen knüpft § 116 III 1 Nr. 2 AFG nach seinem klaren Wortlaut *nicht* mehr das Ruhen von Unterstützungsleistungen. Es geht nur noch um die Beeinflussung bei überregionalen „Schwerpunktarbeitskämpfen".

III. § 116 AFG als zentrale Regelung zur Gewichtsverteilung im Arbeitskampfrecht

Wie schon angedeutet wurde, kann der Lohnverlust mittelbar arbeitskampfbetroffener Arbeitnehmer Binnendruck auf die kämpfende Gewerkschaft im Gefolge haben. Wie groß dieser Binnendruck ist, hängt mit davon ab, ob die mittelbar arbeitskampfbetroffenen Arbeitnehmer Leistungen der Bundesanstalt für Arbeit erhalten oder nicht. Damit hat die Frage nach Unterstützungsleistungen Bedeutung für die Gewichtsverteilung im Arbeitskampf.

1. Strikte Trennung von Sozialversicherungsrecht und Arbeitskampfrecht nach dem AVAVG

Durch § 94 III 2 AVAVG 1927 und § 84 I AVAVG 1956/57 war sichergestellt, daß durch die *Gewährung* von Arbeitslosenunterstützung nicht in Arbeitskämpfe eingegriffen werden durfte. Indem sie nach dem *Ermessen* der Reichsanstalt bei Vorliegen einer *„unbilligen Härte"* Unterstützungsleistungen an mittelbar arbeitskampfbetroffene Arbeitnehmer zuließen, waren § 94 AVAVG 1927 und § 84 AVAVG 1956/57 materiellrechtlich gesehen ausschließlich Regelung auf dem Gebiet des Sozialversicherungsrechts. Das Arbeitskampfrecht war negativ ausgegrenzt: Sobald durch die Gewährung der Arbeitslosenunterstützung in Arbeitskämpfe eingegriffen würde und also die Gewichte im konkreten Arbeitskampf verschoben würden, waren Zahlungen der Reichsanstalt nicht möglich. Sozialversicherungsrecht und Arbeitskampfrecht waren strikt voneinander getrennt. Hiervon gingen insbesondere auch die schon zitierten Richtlinien des Verwaltungsrates der Reichsanstalt vom 27.3.1928[8] aus.

---

[8] s. S. 26 f.

2. § 116 AFG als Regelung auf dem Gebiet des Arbeitskampfrechts

Die strikte Trennung von Sozialversicherungsrecht und Arbeitskampfrecht ist durch § 116 AFG aufgegeben worden.

a) Folgt man der Ansicht des Bundessozialgerichts, betrifft schon § 116 AFG a. F. die Gewichtsverteilung im konkreten Arbeitskampf. Nach dieser Ansicht war an mittelbar arbeitskampfbetroffene Arbeitnehmer außerhalb des räumlichen und fachlichen Geltungsbereichs des umkämpften Tarifvertrages so gut wie stets Arbeitslosengeld zu zahlen.[9] Man kann davon ausgehen, daß auch durch mittelbar arbeitskampfbetroffene Arbeitnehmer außerhalb des räumlichen und fachlichen Geltungsbereichs des umkämpften Tarifvertrages Binnendruck auf die kämpfende Gewerkschaft ausgeübt werden kann. Indem § 116 AFG (nach der Ansicht des BSG) für diese Arbeitnehmer *stets* die Zahlung von Arbeitslosengeld vorsah, verteilte er die Gewichte im Arbeitskampf. Zwar waren die *Motive* des Gesetzgebers sozialstaatlicher, nicht arbeitskampfrechtlicher Art. Die arbeitskampfrechtliche Gewichtsverschiebung gegenüber dem bisherigen Rechtszustand wurde nur gleichsam „in Kauf genommen". Gleichwohl liegt materiell eine Regelung auf dem Gebiet des Arbeitskampfes vor.

Folgt man demgegenüber der teilweise in der Literatur vertretenen Ansicht, wonach der „Beeinflussenstatbestand" des § 116 III 1 Nr. 2 AFG a. F. über den räumlichen und fachlichen Geltungsbereich des umkämpften Tarifvertrages hinaus *allgemeine* Anwendung fand, waren nach § 116 III AFG a. F. das Sozialversicherungsrecht und das Arbeitskampfrecht wie unter dem AVAVG nach wie vor noch strikt getrennt.

b) So oder so ist der Umschwung aber jedenfalls durch § 116 III 1 Nr. 2 AFG n. F. eingetreten. Weil der „Beeinflussenstatbestand" entfallen ist, werden Leistungen der Bundesanstalt an mittelbar arbeitskampfbetroffene Arbeitnehmer außerhalb des räumlichen und fachlichen Geltungsbereichs des umkämpften Tarifvertrages *unabhängig* davon gewährt, ob sie Auswirkungen auf die Gewichtsverteilung im konkreten Arbeitskampf haben. Das *ist* eine Regelung auf dem Gebiete des Arbeitskampfrechts. *Wie* die Gewichte im konkreten Arbeitskampf verteilt sind, hängt von der engen oder weiten Auslegung der unbestimmten Gesetzesbegriffe in § 116 III 1 Nr. 2 AFG n. F. ab.

Indem der Gesetzgeber das Ruhen des Anspruchs auf Arbeitslosengeld *nur* bei der Taktik des überregionalen Schwerpunktarbeitskampfes unter den in § 116 III 1 Nr. 2 AFG genannten Einzelvoraussetzungen angeordnet hat, hat er ganz bewußt auch die Gewichtsverteilung im Arbeitskampf geregelt und damit eine Regelung auf arbeitskampfrechtlichem Gebiet getroffen.

---

[9] s. S. 18.

3 Schwerdtfeger

Allerdings sind dabei keine allgemeinen Vorstellungen des Gesetzgebers zur *Gewichts*verteilung im Arbeitskampf deutlich geworden, welche für die Auslegung von § 116 III 1 Nr. 2 AFG fruchtbar gemacht werden könnten. Auslegungsrelevant sind alleine die Stichworte „Stellvertetung" und „Partizipation" als (immer noch reichlich abstrakte) Konkretisierungen des überregionalen Schwerpunktarbeitskampfes.

3. Die (zentrale) Relevanz des § 116 III 1 Nr. 2 AFG für das Arbeitskampfrecht

Vor allem im Rahmen von Art. 9 III GG ist relevant, welches Gewicht § 116 III 1 Nr. 2 AFG für beide Parteien des Arbeitskampfes hat. Wesentlich ist insoweit, wie weitgehend die enge oder weite Auslegung und damit die Zahlung oder Nichtzahlung von Arbeitslosengeld ihre Kampfführung im konkreten Arbeitskampf beeinflussen kann. Je größer die Bedeutung des § 116 III 1 Nr. 2 AFG für den Arbeitskampf ist, um so schwerer wiegen aus der Sicht *jeder* der beiden Seiten insbesondere auch die bestehenden Unklarheiten in der Auslegung.

Das Gewicht für den Arbeitskampf hängt vom Umfang und von der Art der Produktionsverflechtung in der Industrie ab.

a) Ist die Produktion im Arbeitskampfgebiet nur punktuell mit der Produktion in anderen fachgleichen Tarifgebieten verflochten und verfügen die verflochtenen Betriebe über eine umfassende Lagerhaltung, kann § 116 III 1 Nr. 2 AFG nur in Einzelfällen und eher an der Peripherie Bedeutung für den Arbeitskampf gewinnen. Es sind Fälle, in welchen es einer der Kampfparteien faktisch möglich und taktisch richtig erscheint, im Sinne einer überregionalen Schwerpunkttaktik gerade einen nach außen hin verflochtenen Betrieb im Kampfgebiet zu bestreiken oder in einem solchen Betrieb auszusperren. Wegen der Lagerhaltung im mittelbar betroffenen Betrieb muß es außerdem möglich sein, den Arbeitskampf im bestreikten oder aussperrenden Betrieb über den Zeitpunkt hinaus durchzuhalten, in welchem die Lager erschöpft sind.

b) Mit zunehmender Verflechtung und mit zunehmendem Abbau der Lagerhaltung vergrößern sich die Möglichkeiten zum überregionalen Schwerpunktstreik bzw. zur überregionalen Schwerpunktaussperrung *Ob* eine derartige Schwerpunkttaktik verfolgt wird oder ob der Arbeitskampf in anderen Betrieben ohne Produktionsverflechtung ausgetragen wird, verbleibt aber nach wie vor in der taktischen Entscheidung der kampfführenden Parteien. Ob die mittelbar arbeitskampfbetroffenen Arbeitnehmer Unterstützungsleistungen der Bundesanstalt für Arbeit erhalten oder nicht, hat nunmehr zwar wesentliche Bedeutung für den Einsatz der „Schwerpunkttak-tik", aber nicht für die Möglichkeit zum Arbeitskampf schlechthin.

c) Auf einer gleitenden Skala schlägt die Situation um, wenn mehr oder minder alle für den Arbeitskampf in Betracht kommenden Betriebe in ihrer Produktion mit fachgleichen Betrieben außerhalb des umkämpften Tarifgebietes verflochten sind und auch keine Lagerhaltung mehr stattfindet, weil die für die Produktion benötigten Materialien EDV-gesteuert unmittelbar für den Bedarf produziert und im belieferten Betrieb sogleich weiterverwertet werden. Bei dieser Ausgangssituation hat *jeder* Arbeitskampf *automatisch* überregionale Auswirkungen. Ob das „Minimax-Schema" zur Geltung kommt, unterfällt nicht mehr der freien Entscheidung der kämpfenden Parteien. Vielmehr ist *jeder* Arbeitskampf *nur noch* im Minimax-Schema möglich. Die Zahlung oder Nichtzahlung von Arbeitslosenunterstützung verteilt die Gewichte für den Arbeitskampf *schlechthin*. In *diesem* Kontext hat § 116 III Nr. 2 AFG in seiner engen oder weiten Auslegung zentrale Bedeutung für *den* Arbeitskampf.

Die IG Metall ist der Auffassung, für Arbeitskämpfe in der Metallindustrie sei die Situation c) gegeben. So erklärt sich die Befürchtung der IG Metall, § 116 III 1 Nr. 2 AFG untergrabe ihr Streikrecht. Entsprechendes gilt für die Charakterisierung des § 116 III Nr. 2 AFG als „Streikparagraph".

Manches spricht dafür, daß bei Arbeitskämpfen in der Metallindustrie die Situation c) in der Tat gegeben ist.[10] Daß in anderen Fachgebieten bundesweite Tarifverträge abgeschlossen werden, mittelbar arbeitskampfbetroffene Arbeitnehmer deshalb dort schon wegen § 116 III 1 Nr. 1 AFG kein Arbeitslosengeld erhalten und die Streikfähigkeit der einschlägigen Gewerkschaften gleichwohl fortbesteht, braucht kein Gegenargument zu sein. Denn in diesen Industriezweigen sind wohl nur die Situationen a) oder b) gegeben. *Jedenfalls* hat es der Gesetzgeber des Neutralitäts-Sicherungsgesetzes versäumt, die Zusammenhänge aufzuklären. *Daß* in der Metallindustrie die Situation c) gegeben sein könnte, ist durchaus *denkbar*. Diese Möglichkeit ist in den verfassungsrechtlichen Untersuchungen zu Art. 9 III GG zu berücksichtigen. In ihnen muß also davon ausgegangen werden, daß § 116 III 1 Nr. 2 AFG zentrale Bedeutung für die Gewichtsverteilung im Arbeitskampf *schlechthin* haben *könnte*.

---

[10] s. etwa die Überlegungen von *Mückenberger*, Kritische Justiz 1986, 294, 297 ff.

3*

2. Teil

Die Ruhenstatbestände des § 116 III 1 Nr. 2 AFG

1. Abschnitt

Auslegung und Subsumtion

I. Theoretische Einführung

§ 116 III 1 Nr. 2 AFG enthält etliche unbestimmte Gesetzesbegriffe. Man unterscheidet herkömmlich zwischen der Auslegung des unbestimmten Gesetzesbegriffs (Rechtsfrage) und der Subsumtion des konkreten Einzelfalles unter den durch Auslegung konkretisierten Gesetzesbegriff (Tatsachenfrage).

1. Auslegung

Bei der Auslegung wird der unbestimmte Gesetzesbegriff in konkretere Unterbegriffe aufgelöst („definierende Interpretation").[1] Ebenso wie der unbestimmte Gesetzesbegriff selbst als generell-abstrakte Regelung für eine unbestimmte Vielzahl von Fällen gedacht ist, konkretisieren ihn auch die Unterbegriffe generell-abstrakt.[2]

Mit der Stellvertreterlehre und mit dem Partizipationsgedanken ist für die Auslegung der unbestimmten Gesetzesbegriffe in § 116 III 1 Nr. 2 AFG die Richtung vorgegeben. Mit Hilfe der Stellvertreterlehre und des Partizipationsgedankens wird es nachfolgend gelingen, Vorschläge für die Auslegung des § 116 III Nr. 2 AFG zu unterbreiten. Allerdings fließen in die Vorschläge zur Auslegung notwendig auch subjektive Wertungen und Vorverständnisse des Interpreten ein. Das entspricht den *allgemeinen* rechtstheoretischen Erkenntnissen zur Auslegung unbestimmter Gesetzesbegriffe.[3] Es mag da-

---

[1] *Jesch*, AöR 82. Bd. (1957), S. 186, 191; s. ferner etwa *Ule*, Gedächtnisschrift für W. Jellinek, 1955, S. 318 f.

[2] Dazu s. *Jesch*, AöR 82. Bd., S. 189; *W. Schmidt*, Gesetzesvollziehung durch Rechtssetzung, 1969, S. 121.

[3] Zusammenfassend zu ihnen *Schwerdtfeger*, Arbeitslosenversicherung und Arbeitskampf, S. 84 ff.

hinstehen, ob der Gesetzgeber den Rechtsanwender mit der Verwendung unbestimmter Gesetzesbegriffe abschließend bis in alle Einzelheiten hinein gebunden hat und ob es daher nur eine einzige richtige/rechtmäßige Auslegung des unbestimmten Gesetzesbegriffes gibt. *Jedenfalls* läßt sich die einzig richtige/rechtmäßige Auslegung *real* nicht mit der gehörigen Eindeutigkeit *finden*. *Faktisch* ist der unbestimmte Gesetzesbegriff mehrdeutig.[4] So gesehen ist seine Auslegung *auch* ein Akt der *Dezision* des Rechtsanwenders.

Damit läßt sich nicht ausschließen, daß auch andere als die nachfolgend vorgeschlagenen Auslegungen „richtig" sein könnten. Schon in der Auslegung bestehen also Unsicherheiten.

Anders als die nachfolgend zu behandelnden Unsicherheiten in der Subsumtion werden sich die Unsicherheiten in der Auslegung zwar durch die Rechtsprechung des Bundessozialgerichts mindern lassen, soweit generell-abstrakte Konkretisierungen möglich sind. Weil Arbeitskämpfe mit Fragestellungen zu § 116 III 1 Nr. 2 AFG (Metallindustrie) verhältnismäßig selten sind, wird der höchstrichterliche Konkretisierungsprozeß aber jedenfalls lange Zeit in Anspruch nehmen.

2. (Intuitive) Subsumtion

Erhebliche Unsicherheiten, welche auch durch die Rechtsprechung des Bundessozialgerichts nicht beseitigt werden können, bestehen bei der *einzelfallbezogenen* Subsumtion des jeweiligen Sachverhalts unter die unbestimmten Gesetzesbegriffe des § 116 III 1 Nr. 2 AFG.

a) Das gilt schon, soweit der subsumtionserhebliche Sachverhalt eindeutig feststeht. Wie exakt und allgemeingültig sich ein Sachverhalt unter einen unbestimmten Gesetzesbegriff subsumieren läßt, hängt entscheidend davon ab, wie weitgehend es bei der Auslegung gelungen ist, einen unbestimmten Gesetzesbegriff generell-abstrakt zu konkretisieren. Es gibt Grenzen, hinter denen ein Lebenssachverhalt so individuell wird, daß sich in ihm keine generalisierbaren Merkmale mehr ausmachen lassen, welche in Unterbegriffe des unbestimmten Gesetzesbegriffs umgemünzt werden könnten und also in solchen Unterbegriffen ihre Entsprechung finden könnten.[5]

Wie sich zeigen wird,[6] gilt das etwa für die Frage, ob eine außerhalb des umkämpften Tarifgebietes erhobene Forderung einer Hauptforderung des Arbeitskampfes „nach Art und Umfang gleich ist, ohne mit ihr übereinstim-

---

[4] *Frisch*, NJW 1973, 1346.

[5] Eingehend dazu wiederum *Jesch*, AöR 82. Bd., S. 94 ff.; *W. Schmidt*, Gesetzesvollziehung, S. 122 f.

[6] s. S. 55.

men zu müssen" (§ 116 III Nr. 2 a AFG). Soweit sich in einem Sachverhalt generalisierbare Merkmale nicht mehr ausmachen lassen, können verschiedene Rechtsanwender zum selben Sachverhalt ganz unterschiedlich urteilen. Nicht einmal eine rationale Diskussion ist möglich. Der Entscheidende kann nur angeben, welche Tatsachen er für erheblich hält. Er kann auch *behaupten*, daß diese Tatsachen die im unbestimmten Gesetzesbegriff aufgestellten Voraussetzungen erfüllen. Warum dies der Fall ist, vermag er aber nicht bis ins Letzte einsichtig zu machen. Er entscheidet *intuitiv* (= *Zuordnungsproblem*).[7]

Sind derart intuitive Subsumtionen gefordert, entsteht eine Bandbreite, innerhalb derer gegenteilige Entscheidungen im Bereich des Möglichen liegen. Wie die Entscheidung ausfallen wird, läßt sich im Vorwege von *rechtlichen* Kategorien her nicht einschätzen. Die Intuition ist im Einzelfall abhängig von Vorverständnissen und Wertungen. Diese im Bereich der Subsumtion angesiedelte Unsicherheit ist — anders als manche Unsicherheit in der Auslegung — auch durch die Rechtsprechung nicht verallgemeinernd behebbar. Sie tritt in jedem zu entscheidenden Einzelfall *originär* neu auf.

b) Entsprechende Intuitionen liegen bei § 116 III AFG teilweise auch der *Sachverhaltsfeststellung* zugrunde (= *Feststellungsproblem*). Für die Frage nach der „Hauptforderung" und für die Frage, ob eine nicht beschlossene Forderung gem. § 116 III 2 AFG „als beschlossen anzusehen ist", sind Diagnosen zu den internen Vorstellungen der maßgebenden Gewerkschaftsorgane erforderlich. Die Frage nach der Übernahme des Arbeitskampfergebnisses ist ein Prognoseproblem. Diagnosen und Prognosen sind Wahrscheinlichkeitsurteile. Welcher Grad von Wahrscheinlichkeit bestehen muß, wie groß also das Risiko einer Fehldiagnose bzw. einer Fehlprognose sein darf, ist eine Rechtsfrage, welche sich generell-abstrakt entscheiden läßt. Ob sich auf Grund der vorhandenen tatsächlichen Daten mit der geforderten Wahrscheinlichkeit die im Gesetz vorausgesetzte Diagnose oder Prognose treffen läßt, ist aber wiederum eine Entscheidung, welche innerhalb einer Bandbreite möglicher gegenteiliger Entscheidungen im beschriebenen Sinne nur *intuitiv* möglich ist. Der Neutralitätsausschuß und später das Bundessozialgericht entscheiden im Wege *ihrer* „freien Beweiswürdigung" (vgl. § 128 I SGG).

II. Die drei Ruhensvoraussetzungen des § 116 III 1 Nr. 2 AFG und ihr Zusammenspiel

§ 116 III 1 Nr. 2 AFG enthält drei Ruhensvoraussetzungen. Abzustellen ist auf eine „*Haupt*forderung des Arbeitskampfes" (nachfolgend III.). Im mit-

---

[7] Ausdruck bei *Jesch*, AöR 82. Bd., S. 203. Beispiele bei *Schwerdtfeger*, Arbeitslosenversicherung und Arbeitskampf, S. 82 f.

telbar arbeitskampfbetroffenen fachgleichen Tarifgebiet muß eine Forderung erhoben worden sein, die der Hauptforderung des Arbeitskampfes „nach Art und Umfang *gleich* ist, ohne mit ihr übereinstimmen zu müssen" (nachfolgend IV.). Schließlich muß das Arbeitskampfergebnis in dem mittelbar arbeitskampfbetroffenen Tarifgebiet aller Voraussicht nach im wesentlichen „*übernommen*" werden (nachfolgend V.).

Vor dem Hintergrund der „Stellvertreterlehre" ist „*Hauptforderung* des Arbeitskampfes" eine Forderung, um welche wirklich *gekämpft* wird, welche maßgebend dafür ist, daß die Gewerkschaft und ihre Mitglieder die immense finanzielle Last und die Opfer des Arbeitskampfes mit allen seinen Unwägbarkeiten auf sich nehmen. Andere Forderungen können nicht Forderungen eines Stellvertreter*arbeitskampfes* sein.

Ein *Stellvertreter*arbeitskampf liegt nur vor, wenn den Tarifvertragsparteien des nicht umkämpften Tarifvertrages ein eigener Arbeitskampf *abgenommen* wird. Mit diesem Abnahmegedanken stehen die beiden weiteren Ruhensvoraussetzungen in Zusammenhang, die Gleichheit der Forderungen und die Übernahmeprognose.

Dabei hat die Ruhensvoraussetzung der Forderungsgleichheit gleichzeitig eine reale und eine ideelle Komponente. *Real* gesehen ist die Chance, daß den Tarifvertragsparteien der mittelbar arbeitskampfbetroffenen Tarifbezirke ein Arbeitskampf abgenommen wird, das Arbeitskampfergebnis nämlich übernommen werden kann, größer, wenn dort von vornherein eine der Hauptforderung des Arbeitskampfes gleiche Forderung erhoben worden ist, als sie wäre, wenn die dort erhobenen Forderungen von der Hauptforderung des Arbeitskampfes abweichen. In realer Betrachtung hat die Ruhensvoraussetzung der Forderungsgleichheit damit die Funktion, *einen* Aspekt der Übernahmeprognose vorab abzuschichten. Andererseits ist nicht ausgeschlossen, daß ein Arbeitskampfergebnis in dem mittelbar arbeitskampfbetroffenen Tarifbezirk *auch dann* übernommen wird, wenn die dort erhobenen Forderungen von der Hauptforderung des Arbeitskampfes ursprünglich abwichen. Dieser Aspekt ist aber irrelevant. *So oder so* kann ein Stellvertreterarbeitskampf nach den Vorstellungen des Gesetzgebers nur vorliegen, wenn im mittelbar arbeitskampfbetroffenen Tarifgebiet eine „nach Art und Umfang gleiche" *Forderung* erhoben worden ist. Es geht also um die Stellvertretung in der (ursprünglich) erhobenen Forderung als solcher *ohne* Rücksicht auf ihre *reale* Durchsetzbarkeit. *Das* ist die ideelle Komponente der Ruhensvoraussetzung „Gleichheit der Forderungen".

Mit dem Erfordernis der Übernahmeprognose sind zusätzliche *reale* Anforderungen gestellt. Auch bei einer Gleichheit der Forderungen ist nicht *ausgemacht*, daß das Arbeitskampfergebnis im mittelbar arbeitskampfbetroffenen Tarifgebiet weitere Tarifverhandlungen und letztendlich einen eigenen Arbeitskampf überflüssig macht. Weil einem der Verhandlungspartner das Arbeitskampfergebnis nicht hinreichend ausgewogen erscheint, weil Unterschiede in der wirtschaftlichen Ausgangslage bestehen, weil die „psychologische Situation" eine andere ist oder weil von *anderen* Verhandlungsgegenständen her Schwierigkeiten bestehen, ist denkbar, daß das Arbeitskampfergebnis trotz ursprünglich gleicher Forderungen in der „Hauptsache" *nicht* übernommen wird. Dann stellt sich nachträglich heraus, daß der Arbeitskampf *real gesehen nicht* stellvertretend auch für das mittelbar arbeitskampfbetroffene fachgleiche Tarifgebiet geführt worden ist. Um auch die reale Komponente abzusichern, verlangt § 116 III 1 Nr. 2 b AFG zusätzlich zur (auch) ideellen Komponente des § 116 III 1 Nr. 2 a AFG (*Forderungs*gleichheit), daß sich bereits zu Beginn des Arbeitskampfes die *konkrete* Prognose der Übernahme stellen läßt.

III. Hauptforderung des Arbeitskampfes

1. Hauptforderung *des Arbeitskampfes*

§ 4 Nr. 2 Neutralitäts-Anordnung stellte nach seinem klaren Wortlaut auf die Forderungen der *Gewerkschaften* ab. § 116 III 1 Nr. 2 a AFG spricht neutraler von einer Hauptforderung „*des* Arbeitskampfes". Deshalb ist die Frage aufgetaucht, ob auch eine Forderung der Arbeitgeberseite geeignet ist, das Ruhen des Anspruchs auf Arbeitslosengeld/Kug herbeizuführen. Der Gesetzeswortlaut spricht dafür.[8] Aber man muß differenzieren: Aus dem Stellvertretergedanken folgt, daß nur eine Forderung der Seite in Betracht kommt, welche den Arbeitskampf als Angreifer führt. Weil das so gut wie ausschließlich eine Gewerkschaft und nicht ein Arbeitgeberverband ist, geht es in der Praxis — und nachfolgend — auch bei § 116 III 1 Nr. 2 a AFG um die Forderungen der Gewerkschaft. Zwar braucht nicht schon der Streik zu bewirken, daß außerhalb des Kampfgebietes Arbeitnehmer mittelbare Arbeitskampffolgen erleiden; diese Folgen können auch erst über eine Abwehraussperrung eintreten. Aber daß ein Arbeitskampf stellvertretend auch für andere Arbeitnehmer geführt wird, hängt nicht davon ab, ob diese anderen Arbeitnehmer mittelbar arbeitskampfbetroffen ihre Arbeitsmöglichkeit *verlieren* oder nicht. Auch wenn *keine* mittelbaren Arbeitskampffolgen eintreten, liegt rechtlich gesehen ein „Stellvertreterarbeitskampf" vor, wenn die Einzelvoraussetzungen des § 116 III Nr. 2 AFG vorliegen. Mangels Arbeitslosigkeit wird nur die Rechtsfolge des § 116 III Nr. 2 AFG bei der Zahlung von Arbeitslosengeld/Kug nicht relevant. Und: Ob wegen einer Forderung ein Arbeitskampf geführt und fortgeführt wird, entscheidet eben der Angreifer. Abgesehen davon nimmt die eingreifende Gewerkschaft das Risiko, daß Arbeitnehmer durch eine Abwehraussperrung mittelbar arbeitskampfbe-

---

[8] *Seiter*, NJW 1987, 5.

troffen werden könnten, ganz bewußt in Kauf. Auf Forderungen der Arbeitgeberseite ist also im Grundsatz nicht abzustellen.

Allerdings kann mit einer Forderung der Arbeitgeberseite in verdeckter
Weise *spiegelbildlich* auch eine Forderung der Gewerkschaft korrespondie-
ren. Als Beispiel: Überlagernd zu § 87 I Nr. 2 BVG pflegt tarifvertraglich
geregelt zu sein, daß Sonnabendarbeit nicht oder nur unter eng eingegrenz-
ten Voraussetzungen stattfindet. Mit der Kündigung des Tarifvertrages ist
§ 87 I Nr. 2 BVG anwendbar; Sonnabendarbeit hängt von der Haltung des
Betriebsrates im jeweiligen Einzelbetrieb ab. Wenn der Arbeitgeberverband
in der Tarifverhandlung nunmehr die Sonnabendarbeit fordert (Beispiel
Bankgewerbe), bedeutet die Ablehnung der Gewerkschaft nicht, daß sie sich
mit der Regelung des § 87 I Nr. 2 BVG bescheiden möchte. In der Ablehnung
der Arbeitgeberforderung nach Sonnabendarbeit liegt vielmehr die Forderung auf Fortschreibung des alten tarifvertraglich *normativ* festgelegten
Grundsatzes „*keine* Sonnabendarbeit".

Eine spiegelbildliche Forderung der Gewerkschaft ergibt sich auch, wenn
die Arbeitgeberseite die Bereitschaft signalisiert, auf eine Forderung der
Gewerkschaft einzugehen (35-Stunden-Woche), diese Bereitschaft aber von
der Erfüllung einer Bedingung abhängig macht (Flexibilisierung bei der
Verteilung der Arbeitszeit). Anders als im vorstehenden Falle hat eine solche
bloße Bedingung zwar keinen eigenständigen Forderungsgehalt. Wenn die
Gewerkschaft ihre Forderung fallen läßt (35-Stunden-Woche), besteht die
Arbeitgeberseite nicht auf ihrer Forderung (Flexibilisierung der Arbeitszeit);
es bleibt bei der bisherigen Verteilung der Arbeitszeit, ohne daß das „Ge-
spenst" des § 87 I Nr. 2 BVG droht. Aber gleichwohl ist die Gewerkschaft in
die Situation gedrängt, *verbunden* mit der 35-Stunden-Forderung die Beibehaltung der bisherigen Verteilung der Arbeitszeit fordern zu müssen, wenn
sie sich *durchsetzen* will.

2. *Hauptforderung* des Arbeitskampfes

Nach dem Gesagten geht es um die Hauptforderung des *Arbeitskampfes*
und damit nicht um die Forderungen, welche die Gewerkschaft als Grundlage für die Tarif*verhandlungen* ursprünglich erhoben hatte. Nach der Praxis
der IG Metall werden indessen *alle* (ursprünglich) erhobenen Forderungen
auch zur Urabstimmung über den Streik gestellt.[9] Auch der Streikbeschluß
des Vorstandes dividiert diese Forderungen nicht auseinander. Formal
gesehen sind damit alle ursprünglich erhobenen Forderungen auch Forderungen des Arbeitskampfes. Durchaus in Kenntnis dieser Praxis der IG-

---

[9] Einzelheiten bei *Kittner* (Justitiar der IG Metall), Stenographisches Protokoll
über die Anhörung vor dem BT-Ausschuß für Arbeit und Sozialordnung, S. 218, 220.

Metall[10] hat die Mehrheit des Ausschusses für Arbeit und Sozialordnung darauf hingewiesen, daß „im Normalfalle eine Tarifauseinandersetzung jeweils nur durch *eine* Hauptforderung geprägt" werde.[11] Es gilt also, die formal für den Arbeitskampf erhobenen Forderungen untereinander zu *gewichten* und so die Hauptforderung herauszudestillieren.

Weder das Satzungsrecht der Gewerkschaften noch die gewerkschaftliche Praxis kennen den Begriff der Hauptforderung. Auch im Arbeitskampfrecht ist dieser Begriff unbekannt. Mit der Einführung des Begriffs der „Hauptforderung des Arbeitskampfes" geht § 116 III 1 Nr. 2 a) AFG also eigenständig einen neuen Weg.

Nach der Begründung der Bundesregierung zum Gesetzentwurf[12] sind als Hauptforderungen „die Forderungen anzusehen, mit denen die Gewerkschaft ihre Mitglieder für den Arbeitskampf *mobilisiert*". Im Bericht des BT-Ausschusses für Arbeit und Sozialordnung ist als Ansicht der Ausschußmehrheit formuliert, „Hauptforderungen seien die Forderungen, mit denen die Gewerkschaft ihre Mitglieder für den Arbeitskampf *mobilisiere*, die die Tarifauseinandersetzung nachhaltig *prägten* und im allgemeinen auch von ihrem wirtschaftlichen *Gewicht* her im Vordergrund stünden".[13]

Diese Charakterisierungen geben *Indizien* an, über welche eine Hauptforderung identifiziert werden kann (Einzelheiten nachfolgend 3.). Was *materiellrechtlich* gesehen eine Hauptforderung *ist*, wie sie definiert werden muß, besagen diese (bloßen) Indizien aber nicht.

Wie schon angedeutet wurde, ergeben sich Annäherungen an den Begriff der Hauptforderung aus der „Stellvertreterlehre". Der Anspruch auf Arbeitslosengeld/Kug soll nach dieser Lehre ruhen, weil die Gewerkschaft stellvertretend auch für die mittelbar arbeitskampfbetroffenen Arbeitnehmer *kämpft*. Es geht bei der Hauptforderung also „um die Forderung, für die gekämpft wird".[14] Wirklich *gekämpft* wird in der Regel aber nicht um *alle* Forderungen, welche ursprünglich erhoben waren und formal gesehen auch der Urabstimmung zugrunde lagen. Nur für eine *bestimmte* Forderung haben sich die Gewerkschaft und ihre Mitglieder bereitgefunden, die immense finanzielle Last und die Opfer des Arbeitskampfes mit allen seinen Unwägbarkeiten auf sich zu nehmen. Die anderen Forderungen wären für sich gesehen kein hinreichender Anlaß, einen *Arbeitskampf* zu führen. Zwar werden durch den Arbeitskampf Erfolge auch bei diesen Forderungen

---

[10] Vermittelt in der Anhörung durch *Kittner*, aaO.

[11] Beschlußempfehlung und Bericht des Ausschusses, BT-Drucks. 10/5214, S. 12.

[12] BRats-Drucks. 600/85, S. 14.

[13] BT-Drucks. 10/5214, S. 12.

[14] So Bundesminister *Blüm*, Stenographischer Bericht der 196. Sitzung des Deutschen Bundestages am 5.2.1986, Plenarprotokoll 10/196, S. 15143.

erstrebt. Aber damit sind sie nicht das, weshalb der Arbeitskampf *speziell* geführt wird. Nur zu diesen eigentlichen Forderungen *kämpft* die Gewerkschaft im Sinne der Stellvertreterlehre auch für die mittelbar arbeitskampfbetroffenen Arbeitnehmer. *Die* Forderung, welche den Arbeitskampf „wert" ist, die *eigentliche* Forderung ist die „*Hauptforderung* des Arbeitskampfes".

Wegen welcher Forderung die Gewerkschaft ihren Mitgliedern den Arbeitskampf zumutet, beurteilt sich im Gefolge der „Stellvertreterlehre" aus der Sicht der *Gewerkschaft*, nicht aus der Sicht der Arbeitgeberseite oder gar aus der Sicht der Allgemeinheit. Demgemäß ist es methodisch verfehlt, *potentielle* Forderungen der Gewerkschaften losgelöst von der konkreten Arbeitskampfsituation *allgemein* zu gewichten und etwa zu formulieren, Forderungen mit bestimmtem Charakter (auf Lohnerhöhung oder auf eine Verkürzung der Arbeitszeit) seien stets Hauptforderungen, Forderungen mit anderem Charakter (etwa zu betriebsverfassungsrechtlichen Fragen) seien stets Nebenforderungen.[15] Entscheidend ist, wie die im *konkreten* Arbeitskampf erhobenen Forderungen aus der Sicht der *kämpfenden* Gewerkschaft zu gewichten sind.

Die gewerkschaftliche Sicht, welches im angedeuteten Sinne die „Hauptforderung des Arbeitskampfes" ist, existiert real, auch wenn sie nicht förmlich festgelegt worden ist. Maßgeblich sind die Sicht der Verhandlungskommission, der Tarifkommission und des Vorstandes in ihrem Zusammenspiel bei der Entscheidung über den Arbeitskampf. Die genannten Organe der Gewerkschaft haben den Vorgang des Verhandelns mit der Gegenseite im Einzelnen zu konzipieren, die Tarifverhandlung zu führen und zu entscheiden, wo und wann Druck durch Streikdrohung, Warnstreik und *Streik* sinnvoll und nötig ist, um die Verhandlungen zu einem optimalen Abschluß zu bringen. In dieser Verhandlungskompetenz liegt die Kompetenz zur Schwerpunktsetzung. In ihrem Rahmen sind sich die genannten Gewerkschaftsorgane jedenfalls im *Zentrum* darüber im Klaren, wo die „Dollpunkte" liegen, derentwillen den Mitgliedern der Arbeitskampf zugemutet werden soll und zugemutet wird.

Anders ausgedrückt: Was als eine Hauptforderung des Arbeitskampfes anzusehen ist, ergibt sich nicht aus der *Statik* starrer Beschlüsse wie der Urabstimmung oder des Vorstandsbeschlusses, zu streiken. Maßgebend ist die *Dynamik*, in welcher vor dem Arbeitskampf die Tarifverhandlungen geführt worden sind und in welcher der Arbeitskampf eingesetzt wird, um bestimmte Verhandlungspositionen gezielt zu stärken und durchzusetzen.

---

[15] Auf dieser Linie aber LAG Schleswig-Holstein, 3c Ga 4/87, Umdruck S. 34 (wohl unveröffentlicht).

3. Subsumtion

Hier knüpft die Subsumtionsaufgabe des Neutralitätsausschusses und (im Rechtsmittelverfahren) des Bundessozialgerichts an: Beide müssen feststellen, welche der Forderungen der kämpfenden Gewerkschaft nach den nicht formulierten Vorstellungen der genannten Gewerkschaftsorgane *die* Forderung ist, derentwegen das Druckmittel des Arbeits*kampfes* eingesetzt wird.

a) Das ist eine Frage der Diagnose zu den Schwerpunkt-Vorstellungen der maßgeblichen Gewerkschaftsorgane. Diese Diagnose ist nur auf der Tatsachengrundlage von Indizien möglich. Die wichtigsten Indizien sind im bereits zitierten[16] Bericht des BT-Ausschusses für Arbeit und Sozialordnung angegeben. Wenn die Gewerkschaft ihre Mitglieder für den Arbeitskampf mobilisiert, indem sie eine bestimmte Forderung besonders herausstellt, spricht das dafür, daß den Mitgliedern das Opfer des Arbeitskampfes gerade wegen dieser Forderung zugemutet werden soll. Gleiches gilt, wenn eine Forderung in der Tarifauseinandersetzung gegenüber der Arbeitgeberseite besonders herausgestellt wird. Schließlich ist auch das (wirtschaftliche) Gewicht einer Forderung ein Indiz, jedenfalls in negativem Sinne. Denn man kann in der Regel nicht annehmen, daß die Gewerkschaft ihren Mitgliedern im Bereich wirtschaftlicher Forderungen einen Arbeitskampf zumutet, wenn diese Forderung kein wirkliches Gewicht hat. Allerdings wird diese Regel durch Ausnahmen bestätigt: Es kann der Gewerkschaft auch darum gehen, die Weichen für weitergehende Forderungen in der Zukunft zu stellen oder ein Signal zu setzen. Trotz des wirtschaftlichen Gewichts kann also eine subjektive Komponente entscheidend sein. Für Forderungen nichtwirtschaftlicher Art, etwa für betriebsverfassungsrechtliche Forderungen, ist die Gewichtung *von vornherein* nicht objektiv erfaßbar, sondern subjektiv.

Zusätzlich zu den Indizien, welche im Bericht des Ausschusses für Arbeit und Sozialordnung genannt sind, ergeben sich jedenfalls in negativer Hinsicht Indizien aus dem Stand der Tarifverhandlungen bei ihrem Abbruch: Forderungen, welche die Gewerkschaftsseite in den Tarifverhandlungen nicht mit Nachdruck vertreten hat, sind im Zweifel keine Hauptforderungen des Arbeitskampfes. Gleiches gilt, wenn sich die Verhandlungspartner zu einer bestimmten Forderung bereits weitgehend einig waren.

Als Beispiel: Es sind nur zwei Forderungen erhoben worden, eine Forderung auf Lohn- und Gehaltserhöhung von x % und eine betriebsverfassungsrechtliche Forderung. Zur Lohn- und Gehaltserhöhung ist man sich in der Tarifverhandlung bereits einig geworden. Der Abschluß des Tarifvertrages scheitert aber an der betriebsverfassungsrechtlichen Forderung. Wird jetzt auf Grund einer Urabstimmung, welcher *beide* Forderungen zugrunde lagen, gestreikt, spricht alles dafür, daß „an sich" alleine

---

[16] S. 42.

für die einzige noch offene Forderung, die betriebsverfassungsrechtliche Forderung, gestreikt wird. Sie ist also die Hauptforderung.

Dieses Beispiel zeigt gleichzeitig, daß in einem konkreten Arbeitskampf die Forderung auf Lohn- und Gehaltserhöhung nicht immer die Hauptforderung zu sein braucht.[17]

b) Solange die Tarifauseinandersetzungen in der gewohnten Weise geführt werden und die Gewerkschaft ihre Mitglieder durch das Herausstellen einer bestimmten Forderung für den Arbeitskampf mobilisiert, wird sich zumeist ermitteln lassen, daß dies die Hauptforderung des Arbeitskampfes ist.

Die Situation ändert sich aber, wenn die Gewerkschaften ihr überkommenes Verhalten ändern, die Tarifauseinandersetzung weniger offen führen und in ihrer Mobilisierungskampagne mehr oder minder *alle* Forderungen, welche der Urabstimmung zugrunde gelegt waren, in *gleicher* Weise herausstellen.

Auch jetzt sind als Tatsachengrundlage für die Diagnose-Entscheidung *konkrete* Anhaltspunkte erforderlich.[18] Die tatsächlichen Indizien sind aber spärlich. Nur wenn sich aus ihnen „mit an Sicherheit grenzender Wahrscheinlichkeit" darauf schließen läßt, daß nach den Vorstellungen der Gewerkschaft eine bestimmte Forderung die „Hauptforderung" des Arbeitskampfes ist, kann der Tatbestand des § 116 III 1 Nr. 2 a AFG insoweit als erfüllt angesehen werden. Wird dieser Grad von Wahrscheinlichkeit nicht erreicht, ist das Vorliegen der Ruhensvoraussetzung nicht bewiesen. Der Anspruch auf Arbeitslosengeld/Kug bleibt bestehen.

Die „an Sicherheit grenzende Wahrscheinlichkeit" ist der herkömmliche Maßstab eines Vollbeweises, welcher im Beweisrecht gefordert wird.[19] § 116 III 1 Nr. 2 a AFG macht keine Andeutungen, daß für die Diagnose zur „Hauptforderung" ein weniger strikter Wahrscheinlichkeitsmaßstab gelten könnte. Auch ohne ausdrückliche gesetzliche Gestattung macht die Rechtsprechung Abstriche vom Erfordernis des Vollbeweises, wenn er sich im Gesetzeskontext nach der Natur der Sache *typischerweise* nicht führen läßt.[20]

---

[17] Weiteres Anschauungsmaterial, aus welchem sich ergibt, daß ursprünglich eher als „Nebenforderungen" erhobene Forderungen wegen des Standes der Tarifverhandlung zur Hauptforderung des Arbeitskampfes werden können, bei *Kittner*, Stenographisches Protokoll über die Anhörung vor dem BT-Ausschuß für Arbeit und Sozialordnung, S. 175 f.

[18] St. Rspr. im Zusammenhang mit Diagnoseentscheidungen, s. z. B. BVerwGE 6, 114 (116 f.); 39, 197 (204); 41, 53 (58); 55, 217 (219).

[19] s. speziell für den Verwaltungsprozeß *Ule*, Verwaltungsprozeßrecht, 9. Aufl., 1987, S. 144.

[20] s. etwa BVerwGE 39, 197 (205) — jugendgefährdende Schriften; 41, 53 (58) — Kriegsdienstverweigerung; allgemein: *Ule*, aaO, S. 145; *Kopp*, VwGO, § 108 Rn. 18 a.

Ein derartiger Fall einer *typischen* Beweisnot aus der *Natur* der Lebensverhältnisse liegt für die Identifizierung der „Hauptforderung" aber nicht vor. Wenn es einem Beteiligten gelingt, sich so geschickt zu verhalten, daß sich ein Beweis zu seinem Nachteil nicht führen läßt, so werden alleine dadurch die allgemeinen Beweisanforderungen nicht herabgesetzt.

Ob die vorhandenen tatsächlichen Indizien mit an Sicherheit grenzender Wahrscheinlichkeit die Diagnose gestatten, eine bestimmte Forderung als Hauptforderung anzusehen, entscheidet der Neutralitätsausschuß bzw. das Bundessozialgericht im Wege „freier Beweiswürdigung". Hier liegt bei der „Hauptforderung" der schon beschriebene[21] Bereich der *Intuition*, nach welcher in einer Bandbreite durchaus gegenteilige Entscheidungen denkbar sind.

IV. Nach Art und Umfang gleiche Forderung im mittelbar arbeitskampfbetroffenen fachgleichen Tarifgebiet

1. Vorsortierungen

Der Hauptforderung des Arbeitskampfes muß gem. § 116 III 1 Nr. 2 a AFG nach Art und Umfang eine Forderung gleich sein, welche im mittelbar arbeitskampfbetroffenen fachgleichen Tarifgebiet erhoben worden ist. Daß die dort erhobene Forderung ebenfalls als Hauptforderung qualifizierbar sein muß,[22] ist nach dem Gesetzeswortlaut nicht gefordert. Derartiges folgt insbesondere auch nicht daraus, daß die Vergleichsforderungen nach *„Art und Umfang"* gleich sein müssen. Mit der „Art" ist der *sächliche* Gegenstand der Vergleichsforderungen, *nicht* ihr Gewicht gegenüber anderen Forderungen gemeint. Der Begriff der Hauptforderung steht nach dem Gesagten in unauflösbarem Zusammenhang mit dem *Arbeitskampf*. Weil im mittelbar arbeitskampfbetroffenen Tarifgebiet kein Arbeitskampf stattfindet, ist für die Qualifizierung einer Forderung als Hauptforderung im *gleichen* Sinne wie im Kampfgebiet von vornherein kein Platz. Als Unterscheidungsmerkmal innerhalb der Forderungen, welche als Grundlage für die Tarif*verhandlungen* erhoben worden sind, hätte der Begriff der Hauptforderung einen anderen Kontext und Sinn als beim Arbeitskampf. Deshalb ist es schließlich auch ausgeschlossen, gleichsam als Selbstverständlichkeit davon auszugehen, daß der Gesetzgeber auch für das mittelbar arbeitskampfbetroffene Tarifgebiet an den Begriff der Hauptforderung hat anknüpfen wollen.

---

[21] S. 37 f.

[22] So der Bericht des BT-Ausschusses für Arbeit und Sozialordnung; BT-Drucks. 10/5214, S. 16.

Nachfolgend geht es stets nur um Forderungen, welche „von der zur Entscheidung berufenen Stelle *beschlossen* worden" sind. Daß nach § 116 III 2 AFG unter bestimmten Voraussetzungen auch nicht förmlich beschlossene Forderungen als erhoben angesehen werden, wird als isoliertes Sonderproblem erst später unter VI. behandelt.

2. Materiale Gleichheit

Ob zwei zu vergleichende Forderungen gleich sind, läßt sich entweder nominell nach ihrem Wortlaut oder material nach ihrem Gewicht bestimmen. Schon der Wortlaut des § 116 III 1 Nr. 2 a AFG macht deutlich, daß das Gesetz die Gleichheit *material* versteht. Wenn nominelle Gleichheit gemeint wäre, erschiene es überflüssig, daß das Gesetz die Gleichheit „nach Art und Umfang" fordert. Nominell identische Forderungen sind *per se* auch in Art und Umfang nominell identisch. Dafür, mit Art und Umfang Bezugspunkte der Gleichheit anzugeben, ist kein Raum. In dem während der Gesetzesberatungen eingefügten Nachsatz, daß die Forderungen nicht übereinzustimmen brauchen, liegt ebenfalls eine Absage an die nominelle Identität. Nominelle „Übereinstimmung" ist nicht verlangt. Die Forderungen können nominell voneinander abweichen, müssen aber material gleich sein.

3. Gleichheit nach der Art

a) Auslegungsfragen

Die beiden zu vergleichenden Forderungen müssen *zunächst* nach ihrer *Art* klassifiziert werden. Auf die Frage nach dem (gleichen) Umfang kommt es erst an, wenn die beiden Forderungen gleicher Art sind.[23]

Weil andere Anhaltspunkte fehlen, muß man davon ausgehen, daß das Gesetz den Begriff der „Art" im überkommenen philosophischen und naturwissenschaftlichen Sinn gebraucht. In der Logik, der klassischen Definitionslehre, wird die Art von der Gattung unterschieden. Die Gattung ist die übergeordnete Definitionseinheit. Die Art ist der durch begriffliche Zergliederung gewonnene untergeordnete Gegenstandsbereich. Ebenso wie die Gattung werden auch die Art und damit der artbildende Unterschied nach dem Kriterium der „Vernünftigkeit" festgelegt.[24] Was hierbei „vernünftig"

---

[23] Ebenso *Kirchner*, Anhörung des Ausschusses für Arbeit und Sozialordnung, Stenographisches Protokoll, S. 210.

[24] So zu allem Meyers großes Taschenlexikon in 24 Bänden, 1983, Stichworte „Art" und „Gattung".

ist, kann sich nur nach dem Zweck beurteilen, welcher mit der begrifflichen Zergliederung der Gattung in Arten verfolgt wird.

Vor diesem Hintergrund würde es nicht angehen, die „artmäßige" Zuordnung der zu vergleichenden Forderungen ungesehen an Schlagworten oder Gliederungsbezeichnungen zu orientieren, unter denen sie auftauchen, wenn ein Forderungskatalog etwa nach den Punkten „Lohn- und Gehaltsforderung", „Verkürzung der Arbeitszeit", „Abbau von Mehrarbeit", „Humanisierung am Arbeitsplatz", „betriebsverfassungsrechtliche Fragen" gegliedert ist. Es muß damit gerechnet werden, daß diese Gliederungsgesichtspunkte in ihren schlagwortartigen Charakterisierungen lediglich gattungsmäßige Festlegungen enthalten, die zu vergleichenden Forderungen innerhalb der gleichen Gattung aber von unterschiedlicher Art sein könnten. Ob die gleiche oder eine unterschiedliche Art gegeben ist, beurteilt sich über das erwähnte Kriterium der „Vernünftigkeit" für die begriffliche Zergliederung der Gattung in Arten, in der Ausgangsproblematik nach der „Stellvertreterlehre". Entscheidend ist, ob die Zergliederung nach den Vorgaben der Stellvertreterlehre geboten erscheint.

Nach der Stellvertreterlehre ruht der Anspruch auf Arbeitslosengeld/ Kug, weil die im mittelbar arbeitskampfbetroffenen Tarifgebiet erhobene Forderung über den Druck des Arbeitskampfes gleichsam *mit*verhandelt wird. Von einem *Mit*verhandeln kann man aber nur sprechen, wenn die im mittelbar arbeitskampfbetroffenen Tarifgebiet erhobene Forderung von ihrem Gegenstand her nicht typischerweise ein *eigenständiges* Sachproblem aufwirft. Nur wenn das Sachproblem der zu vergleichenden Forderungen gleich ist, liegen Forderungen gleicher Art im Sinne von § 116 III 1 Nr. 2 a AFG vor.

Das wird an folgenden Beispielsfällen (zu Lohn- und Gehaltsforderungen) plastisch:

(1) Wie mit der Hauptforderung des Arbeitskampfes wird auch im mittelbar arbeitskampfbetroffenen Tarifbezirk eine *prozentuale* Erhöhung der Löhne und Gehälter gefordert: Es liegen Forderungen gleicher Art vor.

(2) Während mit der Hauptforderung eine prozentuale Erhöhung der Löhne und Gehälter gefordert wird, verlangt die Gewerkschaft im mittelbar arbeitskampfbetroffenen Tarifbezirk eine Erhöhung der Löhne und Gehälter um einen für alle Arbeitnehmer einheitlichen *Betrag* von 60,– DM. Es liegen Forderungen verschiedener Art vor. Denn die Forderungen haben unterschiedliche Bedeutung für die Lohnstruktur im Verhältnis der Lohngruppen zueinander. Eine prozentuale Lohnerhöhung bringt den besser Verdienenden der höheren Lohngruppen eine größere Lohnerhöhung als den schlechter Verdienenden der unteren Lohngruppen. Der Abstand zwischen den Lohngruppen vergrößert sich also. Bei der Forderung „60,– DM für alle" bleibt er gleich. Wie die Lohnstruktur gestaltet werden soll, ist ein eigenständiger Verhandlungsgegenstand, selbst wenn die finanzielle Gesamtbelastung der Arbeitgeberseite nach beiden zu vergleichenden Forderungen gleich ist.[25]

(3) Forderungen gleicher Art liegen dann andererseits wiederum vor, wenn sowohl nach der Hauptforderung des Arbeitskampfes als auch nach der im mittelbar arbeitskampfbetroffenen Tarifbezirk erhobenen Forderung die Lohnstruktur zugunsten der unteren Lohngruppen verändert werden soll. Wird einerseits gefordert, das über einen für alle Arbeitnehmer gleichen Festbetrag (wie soeben (2)) zu erreichen, andererseits eine für die unteren Lohngruppen überproportionale prozentmäßige Anhebung der Löhne und Gehälter angestrebt, wird dadurch die in der *Neu*strukturierung liegende Artgleichheit nicht aufgehoben. *Insoweit* geht es lediglich um Unterschiede in der Technik, über welche die gleiche Art der Forderungen verwirklicht werden soll (und eventuell um Unterschiede im Forderungsumfang).

Die Probleme können sich komplizieren, wenn Forderungen verschiedener Art *kombiniert* auftreten, die Kombination auf der einen Seite (bei der Hauptforderung im Arbeitskampf) aber nicht der Kombination auf der anderen Seite (bei den im mittelbar arbeitskampfbetroffenen Tarifgebiet erhobenen Forderungen) entspricht. Gerade durch die Kombination *kann* eine Forderung eigener Art entstehen. Ob das der Fall ist, ergibt sich aus den Anliegen der Gewerkschaft.[26]

(4) Beispiel (im Anschluß an das Beispiel S. 41):

Im Kampfgebiet hatte die Verhandlungsdelegation der Arbeitgeberseite „Fortschritte" in Richtung auf die 35-Stunden-Woche von der Bedingung abhängig gemacht, daß stärkere Möglichkeiten zur Flexibilisierung der Arbeitszeit geschaffen würden. Es kommt zum Arbeitskampf, weil die Gewerkschaft Fortschritte in Richtung auf die 35-Stunden-Woche unter *Beibehaltung* der bisherigen Verteilung der Arbeitszeit auf die Wochentage erreichen möchte. Hier ist die Forderung nach Verkürzung der Wochenarbeitszeit mit der anders gearteten Forderung nach Beibehaltung der bisherigen Verteilung der Wochenarbeitszeit auf die Arbeitstage nach dem Willen der Gewerkschaft derart unauflösbar miteinander verknüpft, daß in dieser Kombination eine Forderung eigener Art entsteht. Ist im mittelbar arbeitskampfbetroffenen Tarifbereich *alleine* die Forderung nach Fortschritten in Richtung auf die 35-Stunden-Woche ohne strikte Stellungnahme gegen Flexibilisierungsgedanken erhoben worden, liegen nach der Art *ungleiche* Forderungen vor. Der Arbeitskampf wird um das Problem der *Kombination* geführt, welches im mittelbar arbeitskampfbetroffenen Tarifgebiet nach den dort erhobenen Forderungen keine Rolle spielt.

Keine arteigene Kombination in einem untrennbaren Forderungsverbund liegt vor, wenn verschiedene Forderungen nach den Vorstellungen der Gewerkschaft kumulativ erhoben worden sind und je für sich verhandelt werden können.

---

[25] Welche *eigenständigen* Verhandlungsprobleme entstehen, wird besonders deutlich, wenn *Kittner* (Anhörung, S. 175) über seinen Eindruck berichtet, Forderungen nach überproportionaler Anhebung der unteren Lohngruppen seien für die Arbeitgeberseite geradezu ein „Tabu".

[26] s. S. 40.

(5) Dieser Fall dürfte beispielsweise gegeben sein, wenn die Hauptforderung des Arbeitskampfes „4 % mehr Lohn", die im mittelbar arbeitskampfbetroffenen Tarifgebiet erhobene Forderung hingegen „4 % mehr Lohn, aber mindestens 60,- DM" lautet. Hier wird man davon ausgehen können, daß die strukturwirksame Forderung „mindestens aber 60,- DM" eine bloße *Zusatz*forderung ist, die Kopplung mit der 4 %-Forderung also nicht so eng ist, daß die 4 %-Forderung mit der Forderung „mindestens aber 60,- DM" im Sinne eines untrennbaren Zusammenhanges steht oder fällt.

b) Subsumtion

Soweit in der skizzierten Weise die Kombination von Forderungen in ihrer Art identifiziert werden muß, kommt es nach dem Gesagten auf die Vorstellungen der Gewerkschaften an. Es sind Diagnosen zu stellen, wie sie schon für die Identifikation der Hauptforderung beschrieben worden sind. Hier wie dort geht es um ein Problem zur Feststellung von Tatsachen (Vorstellungen der Gewerkschaften) im Wege freier Beweiswürdigung, welches innerhalb einer Bandbreite mit der Möglichkeit zu gegenteiligen Entscheidungen nur *intuitiv* bewältigt werden kann.[27]

Sind nicht Kombinationen einzuordnen, stellt sich kein Feststellungsproblem. Die im mittelbar arbeitskampfbetroffenen Tarifgebiet erhobenen Forderungen liegen formuliert vor. Es geht um die *Zuordnung*, ob eine dieser Forderungen mit der Hauptforderung des Arbeitskampfes artgleich ist. Von eindeutigen Fällen abgesehen ist auch diese Zuordnung innerhalb einer Bandbreite von gegenteiligen Entscheidungen nur intuitiv möglich.[28]

4. Gleichheit im Umfang

a) Gewichtsmäßiges Volumen der Forderungen als Vergleichsgegenstand

Wie schon ausgeführt wurde, beurteilt sich auch die Frage, ob die zu vergleichenden Forderungen nach ihrem Umfang gleich sind, nicht nach ihrem nominellen Wortlaut, sondern material nach ihrem gewichtsmäßigen Volumen für die Tarifverhandlungen. Demgemäß weisen die Begründung der Bundesregierung zum Gesetzentwurf und der Bericht des Ausschusses für Arbeit und Sozialordnung auf das „wirtschaftliche Gewicht" der Forderungen als Vergleichsgegenstand hin.[29]

---

[27] s. im einzelnen bereits S. 38.

[28] Zu Einzelheiten s. bereits S. 37 f.

[29] s. BRats-Drucks. 600/85, S. 15; BT-Drucks. 10/5214, S. 12.

Offen ist, worauf für das gewichtsmäßige Volumen einer Forderung *konkret* abgestellt werden muß, *wonach* sich das Gewicht bemißt.

aa) Bei den Forderungen *wirtschaftlicher Art* werfen insoweit besonders prozentuale Lohn- und Gehaltsforderungen Probleme auf. Ist das durchschnittliche Lohn*niveau* in den zu vergleichenden Tarifgebieten unterschiedlich, bedeutet die *gleiche* prozentuale Forderung (von 4 %) *absolut gesehen* für die Arbeitgeber eine unterschiedliche wirtschaftliche Belastung pro Arbeitnehmer. Bei einem höheren durchschnittlichen Lohnniveau (von 3000,- DM) ist die Anhebung der Löhne und Gehälter um 4 % für die Arbeitgeber teurer (120,- DM) als bei niedrigerem Lohnniveau (2500,- DM = 100,- DM). Nach der Stellvertreterlehre kommt es darauf an, welche Rolle die mit der Hauptforderung des Arbeitskampfes zu vergleichende Forderung für die Tarifverhandlungen im mittelbar arbeitskampfbetroffenen Tarifgebiet spielt. Hat sie in ihrem Umfang für die Tarifverhandlungen dort ein *eigenständiges* Gewicht, liegt keine Stellvertretung vor.

Entscheidend ist insoweit die Reaktion der Arbeitgeberseite. Für die Arbeitgeberseite ist wesentlich, welche Kosten die Lohn- und Gehaltsforderung verursacht. Das beurteilt sich nicht nach der Prozentzahl, sondern nach dem absoluten Forderungsbetrag. *Er* ist also der Vergleichsgegenstand.

Entsprechend äußert sich die Begründung der Bundesregierung zum Gesetzentwurf, wenn es dort zu Forderungen auf Erhöhung der Arbeitsentgelte heißt: „Sie können ... im Umfang unterschiedlich sein, wenn ihr wirtschaftliches Gewicht unter Berücksichtigung der tariflichen Ausgangslage, d. h. der jeweiligen tariflichen Lohnhöhe und der Struktur des Lohntarifvertrages, unterschiedlich ist."[30] Ähnlich äußert sich die Ausschußmehrheit im Bericht des Ausschusses für Arbeit und Sozialordnung.[31]

bb) Forderungen *nichtwirtschaftlicher Art* (35-Stunden-Woche, Abbau von Mehrarbeit, Humanisierung am Arbeitsplatz) haben fast regelmäßig ebenfalls ein wirtschaftliches Gewicht; für ihre Durchsetzbarkeit ist mit wesentlich, was für Kosten sie der Arbeitgeberseite verursachen werden. Aber hier treten noch weitere Fragen von Gewicht hinzu. Sie können — wie bei der 35-Stunden-Woche oder beim Abbau von Mehrarbeit — organisatorische Schwierigkeiten betreffen. Sie können bei Forderungen zur Veränderung der Lohnstruktur (überproportionale Anhebung der Löhne der unteren Gehaltsgruppen) über Stichworte wie Leistungsanreiz und Fortbildungswille bis hin zu sozial- und gesellschaftspolitischen Streitpunkten führen. Das gewichtsmäßige Volumen von Forderungen nichtwirtschaftlicher Art beurteilt sich *auch* nach *derartigen* Aspekten.

---

[30] BRats-Drucks. 600/85, S. 14.
[31] BT-Drucks. 10/5214, S. 12.

4*

b) (Unüberwindliche) Gleichheitsprobleme

So gut wie unüberwindliche Schwierigkeiten ergeben sich typischerweise, wenn beurteilt werden muß, *ob* die zu vergleichenden Forderungen in ihrem gewichtsmäßigen Volumen gleich oder ungleich sind.

aa) Das gilt schon für den *normativen Ansatz* der Gleichheitsfrage, wie bei den Lohn- und Gehaltsforderungen besonders deutlich wird. Bei ihnen läßt sich rechnerisch exakt ermitteln, ob die Belastung der Arbeitgeber und damit das wirtschaftliche Gewicht der zu vergleichenden Forderungen gleich oder ungleich ist.

Im Rechenbeispiel S. 51 bedeutete die gleiche prozentuale Erhöhung der Löhne und Gehälter einen Unterschied in den Forderungen, weil das durchschnittliche Lohnniveau (3000,— DM einerseits, 2500,— DM andererseits) unterschiedlich hoch war. Hier lägen gleiche Forderungen (in Höhe von 100,— DM) vor, wenn beim Lohnniveau von 3000,— DM 3,34 % und beim Lohnniveau von 2500,— DM 4 % mehr Lohn gefordert würden.

Nach dem Gesetzentwurf der Bundesregierung sollte der Anspruch auf Arbeitslosengeld/Kug bereits ruhen, wenn die im mittelbar arbeitskampfbetroffenen Tarifgebiet erhobene Forderung der Hauptforderung des Arbeitskampfes nach Art und Umfang *„annähernd* gleich" war. Wäre der Gesetzgeber dem Vorschlag der Bundesregierung gefolgt, könnte im Rechenbeispiel von S. 51 bei einer einheitlichen Forderung von 4 % der Unterschied von 120,— zu 100,— DM möglicherweise als unbeachtlich angesehen werden. Die verschiedenen Forderungen wären dann also „annähernd gleich" gewesen. Daß die Forderungen nach der heutigen Gesetzesfassung „nach Art und Umfang gleich" und nicht nur „annähernd gleich" sein müssen, scheint die strikte Gleichheit zu bedeuten, welche im Rechenbeispiel von S. 51 nicht gegeben ist.

Immerhin enthält die Gesetzesfassung aber den im Regierungsentwurf noch nicht enthaltenen Halbsatz, wonach die im mittelbar arbeitskampfbetroffenen Tarifgebiet erhobene Forderung der Hauptforderung des Arbeitskampfes nach Art und Umfang gleich sein muß, „ohne mit ihr übereinstimmen zu müssen". Dieser Halbsatz bedeutet nach dem Gesagten[32] *jedenfalls*, daß die Forderungen *nominell* nicht übereinzustimmen brauchen, sondern daß es um die materiale Gleichheit geht. Es ist aber denkbar, daß sich der Bedeutungsgehalt des Halbsatzes in dieser Aussage nicht erschöpft. Es könnte *zusätzlich auch* bedeuten, daß die Forderungen *material* gesehen in ihrem Umfang zwar gleich, aber nicht identisch zu sein brauchen. Damit ginge es nach wie vor um die „annähernde" materiale Gleichheit, *nicht aber* — im Ausgangsbeispiel der Lohn- und Gehaltsforderung — um die strikte materiale Gleichheit.

---

[32] S. 47.

Weder mit Hilfe der Gesetzesmaterialien noch mit Hilfe der „Stellvertreterlehre" läßt sich klären, welche der beiden Auslegungsmöglichkeiten (annähernde materiale Gleichheit oder strikte materiale Gleichheit) dem Willen des Gesetzgebers entspricht.

In der Beschlußempfehlung des Ausschusses für Arbeit und Sozialordnung, auf welche die Änderung der heutigen Gesetzesfassung gegenüber dem Regierungsentwurf zurückgeht, heißt es[33] als Begründung der Mehrheit der Ausschußmitglieder:

> „Die Worte ‚annähernd gleich' sind durch die Worte ‚gleich, ohne mit ihr übereinstimmen zu müssen' ersetzt worden. Damit solle deutlicher als im Regierungsentwurf zum Ausdruck gebracht werden, daß mit dem Wort ‚gleich' nicht, wie in der öffentlichen Diskussion zum Teil vertreten worden sei, identische, d. h. auch in allen Einzelheiten völlig übereinstimmende Forderungen gemeint seien. Der Begriff ‚gleich' sei vielmehr — wie jeder Rechtsbegriff — unter Berücksichtigung von Sinn und Zweck der gesetzlichen Regelung auszulegen. Dabei sei auf die jeweilige tarifliche Ausgangslage, die das wirtschaftliche Gewicht der Forderung beeinflusse, Rücksicht zu nehmen".

> „Durch Buchstabe a der Neufassung der Nr. 2 wird ausdrücklich klargestellt, daß ‚gleich' nicht ‚identisch' oder ‚gänzliche Übereinstimmung auch in allen Einzelheiten' bedeutet. Damit kann der vom Regierungsentwurf verwendete Begriff ‚annähernd gleich' entfallen, der in der öffentlichen Diskussion zu Mißverständnissen geführt hat".

Der in dieser Begründung zum Ausdruck kommenden Vorstellung der Mehrheit des BT-Ausschusses für Arbeit und Sozialordnung, keine „identischen, auch in allen Einzelheiten völlig übereinstimmenden Forderungen" verlangen zu wollen, genügt der nachträglich eingefügte Halbsatz des § 116 III 1 Nr. 2 a AFG bereits, wenn man ihn als Aussage gegen die nominelle Gleichheit versteht. Andererseits schließt es die Begründung nicht aus, daß die Mehrheit im BT-Ausschuß für Arbeit und Sozialordnung ebenfalls keine „Identität" in der materialen Gleichheit verlangen wollte.

Der Stellvertreterlehre würde es schon entsprechen, wenn lediglich eine annähernde Gleichheit verlangt würde. Andererseits entspricht ihr die strikte Gleichheit besser. Auch nach der Stellvertreterlehre sind also beide Deutungen möglich. In ihrer Abstraktheit ist sie nicht geeignet, hinreichend sichere Hinweise für die Lösung des vorliegenden Detailproblems zu geben.

Es ist absehbar, daß sich um das Problem ein zentraler Auslegungsstreit entwickeln wird. Hierbei werden in neuem Gewande die gegenteiligen Positionen auftauchen, welche schon zum Gleichheitsproblem in § 4 Neutralitäts-Anordnung vertreten wurden. Die Gewerkschaftsseite wird die Auffassung vertreten, § 116 III 1 Nr. 2 a AFG verlange jedenfalls in Fällen, in welchen exakte mathematische Berechnungen möglich seien, die strikte

---

[33] BT-Drucks. 10/5214, S. 12 und 16.

Gleichheit. Die Arbeitgeberseite wird die Auffassung vertreten, schon die annähernde materiale Gleichheit reiche aus.

Es gibt Fälle, in welchen der Gesetzgeber das, was er meint, nicht weiter präzisieren kann, als er es im Gesetz präzisiert hat. Hier ist die dezisionistische Entscheidung des Rechtsanwenders unausweichlich. Die gegenwärtig behandelte Unklarheit hätte der Gesetzgeber ohne weiteres in die eine oder andere Richtung klarstellen *können*. Klarheit in die eine Richtung hätte bestanden, wenn der Gesetzgeber es bei der Formulierung „annähernd gleich" aus dem Regierungsentwurf belassen hätte. Klarheit in die andere Richtung (strikte materiale Gleichheit) wäre geschaffen worden, wenn der Halbsatz die Fassung bekommen hätte „… gleich, ohne im *Wortlaut* übereinstimmen zu müssen". Denn jetzt wäre klar gewesen, daß er Anknüpfung bei der *nominellen* Identität verhindern wollte. Daß der Gesetzgeber hier die Möglichkeit zu einer klaren Regelung gehabt hätte, wird später im Zusammenhang mit dem Verfassungsgebot der Normenklarheit Bedeutung gewinnen.[34]

bb) Außerordentliche Schwierigkeiten ergeben sich auch bei der zuordnenden Bewertung, ob die zu vergleichenden Forderungen nach ihrem materialen Gewicht gleich sind.

Das gilt ohnehin, wenn nur eine „annähernde Gleichheit" gefordert sein sollte. Um beim Beispiel der Lohn- und Gehaltsforderungen zu bleiben: es sind keinerlei Kriterien dafür ersichtlich, wie hoch die Abweichung in den Kosten für die Arbeitgeber sein darf. Anders als bei der „Art" der Forderung[35] hilft jetzt insbesondere auch die Stellvertreterlehre nicht weiter. Die „Art" der Forderung ließ sich danach bestimmen, ob ihr spezifischer *Gegenstand* eigenständige Probleme in der Tarifverhandlung aufwerfen könnte. Wann Abweichungen im Umfang der Forderungen typischerweise so problematisch werden, daß sie ein eigenständiges Verhandlungsproblem darstellen, läßt sich hingegen nicht typisierend bestimmen.

Allgemeingültige Anhaltspunkte lassen sich schließlich auch nicht aus einem Beispiel gewinnen, welches in der Begründung der Bundesregierung zum Gesetzentwurf enthalten ist.[36] Nach Auffassung der Bundesregierung liegen annähernd gleiche Forderungen noch vor, „wenn in dem umkämpften Tarifbezirk eine Verkürzung der Wochenarbeitszeit von 40 auf 35 Stunden, außerhalb des umkämpften Bezirks dagegen eine Verkürzung auf 36 Stunden gefordert wird". In diesem Beispiel beträgt der Umfang der Abweichung 20 %. Verallgemeinert wären damit alle Abweichungen bis zu 20 % unbe-

---

[34] s. S. 75.

[35] Dazu S. 47 ff.

[36] BRats-Drucks. 600/85, S. 15.

achtlich; die annähernde Gleichheit der Forderungen bliebe gewahrt.[37] Aber das Beispiel zur 35-Stunden-Woche ist offensichtlich undurchdacht in die Begründung der Bundesregierung aufgenommen worden. Um eine Verkürzung der Wochenarbeitszeit von nur eineinhalb Stunden zu erreichen, war 1984 der größte Arbeitskampf der Nachkriegsgeschichte in der Metallindustrie erforderlich. Die Verkürzung auf 35 Stunden statt auf 36 Stunden, also um eine weitere Stunde, entspricht einer zusätzlichen Lohnerhöhung von 2,9 %. Beide Gesichtspunkte lassen es vor dem Hintergrund der Stellvertreterlehre als ausgeschlossen erscheinen, daß „annähernd gleiche" Forderungen vorliegen könnten. Die eine Stunde mehr oder weniger ist mit Sicherheit ein *eigenständiges* Verhandlungsproblem.

Weil sich ein allgemeingültiger Maßstab nicht finden läßt, ist die Zuordnung, ob die zu vergleichenden Forderungen noch „annähernd gleich" oder schon „ungleich" sind, eine intuitive Entscheidung par excellence, welche in einem breiten Raum für durchaus gegenteilige Entscheidungen getroffen wird.

Sollte die *strikte* Gleichheit gefordert sein, ist der Raum für intuitive Entscheidungen zwar eingeengt, aber nicht beseitigt. Zwar gibt es auch außerhalb der Lohn- und Gehaltsforderungen Fälle, in welchen ein mathematischer Maßstab zu eindeutigen Ergebnissen führen kann.

So hat die (unterstellte) Hauptforderung eines Arbeitskampfes, die Möglichkeit zur Mehrarbeit auf wöchentlich sieben Stunden zu begrenzen, einen geringeren Umfang als eine im mittelbar arbeitskampfbetroffenen Tarifgebiet erhobene Forderung, die Grenze bei acht Stunden zu ziehen. Denn es ist eindeutig, daß neben der nominellen Abweichung auch Abweichungen im wirtschaftlichen Gewicht und im Gewicht der organisatorischen Probleme für den Arbeitgeber bestehen, welche in den Tarifverhandlungen eigenständige Probleme aufwerfen.

Bei folgender Fallgestaltung ist die Entscheidung aber wiederum nur intuitiv möglich:

Nach der Hauptforderung des Arbeitskampfes soll die Mehrarbeit arbeitstäglich 2, wöchentlich 8 und jährlich 60 Stunden nicht überschreiten. Im mittelbar arbeitskampfbetroffenen Tarifgebiet wird gefordert, die Mehrarbeit solle arbeitstäglich 2, wöchentlich 6 und jährlich 70 Stunden nicht überschreiten.

Ob man die beiden Forderungen in ihrem materialen Gehalt, also nach ihrer kostenmäßig und organisatorischen Bedeutung für die Arbeitgeberseite und damit in ihrer Bedeutung für die Tarifverhandlung als gleich oder als ungleich ansieht, können verschiedene Rechtsanwender durchaus gegenteilig beurteilen.

---

[37] Für eine Verallgemeinerung offenbar *Seiter*, NJW 1987, 6.

V. Übernahmeprognose für das Arbeitskampfergebnis

Voraussetzung für das Ruhen des Anspruchs auf Arbeitslosengeld/Kug ist schließlich, daß „das Arbeitskampfergebnis aller Voraussicht nach in den räumlichen Geltungsbereich des nicht umkämpften Tarifvertrages im wesentlichen übernommen wird". Es geht also um die schon mehrfach erwähnte Übernahmeprognose.

1. Auslegungsfragen

a) Begriff Arbeitskampfergebnis

Die Übernahmeprognose ist für das Arbeitskampfergebnis zu stellen. Typischerweise bringt ein Arbeitskampf ein Verhandlungsergebnis nicht nur zu seiner „Hauptforderung", sondern auch zu anderen Forderungen der Gewerkschaften, welche Gegenstand der Urabstimmung und damit formal Forderungen des Arbeitskampfes waren. Die Stellvertretersituation wird indessen alleine durch die Hauptforderung des Arbeitskampfes konstituiert. Also kann es nach der Stellvertreterlehre nur darauf ankommen, ob das für die *Hauptforderung* erzielte Arbeitskampfergebnis aller Voraussicht nach im mittelbar arbeitskampfbetroffenen Tarifbezirk im wesentlichen übernommen wird. Klarer als im Gesetzestext ist deshalb in der Beschlußempfehlung des Ausschusses für Arbeit und Sozialordnung im Anschluß an Erläuterungen zur *Hauptforderung* als Ansicht der Ausschußmehrheit formuliert, „weitere Voraussetzung für das Ruhen des Leistungsanspruches solle sein, daß das Arbeitskampfergebnis *insoweit* aller Voraussicht nach ... im wesentlichen übernommen werde".[38]

b) Begriff der Übernahme

Von einer Übernahme kann man im Kontext mit dem Stellvertretergedanken nur sprechen, wenn erwartet werden kann, daß die Tarifvertragsparteien das Arbeitskampfergebnis ihrer Vereinbarung im mittelbar arbeitskampfbetroffenen Tarifgebiet *ohne weiteres* zugrunde legen werden. Weil es nur um die Übernahme „im wesentlichen" geht, ist es zwar unschädlich, wenn denkbar bleibt, daß im mittelbar arbeitskampfbetroffenen Tarifgebiet noch Einzelheiten verhandelt werden. Aber „im wesentlichen" darf das Arbeitskampfergebnis zur Hauptforderung dabei nicht in Zweifel gezogen werden. Sonst ist der Arbeitskampf nicht stellvertretend für das mittelbar arbeits-

---

[38] BT-Drucks. 10/5214, S. 12, ähnlich nochmals S. 16.

kampfbetroffene Tarifgebiet vorweggenommen worden. Statt einer Übernahme wird eigenständig (neu) verhandelt. Das Arbeitskampfergebnis steht in der Gefahr, wenn überhaupt erst über einen erneuten Arbeitskampf auch im mittelbar arbeitskampfbetroffenen Tarifgebiet durchgesetzt werden zu können.

c) Übernahme „im wesentlichen"

Wann ein Arbeitskampfergebnis „im wesentlichen" übernommen wird und wann nicht, läßt sich nicht mathematisch exakt umschreiben. Der Versuch zu derartigen Umschreibungen wäre auch verfehlt. Denn die Übernahmeprognose muß bereits zu Beginn des Arbeitskampfes gestellt werden. In diesem Zeitpunkt sind weder das Arbeitskampfergebnis noch die Tarifvereinbarung im mittelbar arbeitskampfbetroffenen Tarifgebiet exakt vorhersehbar. Es kann nur um den prinzipiellen Ansatz bei den Tarifverhandlungen im mittelbar arbeitskampfbetroffenen Tarifgebiet gehen. Nur wenn „aller Voraussicht nach" davon ausgegangen werden kann, daß das Arbeitskampfergebnis prinzipiell *nicht* in Frage gestellt werden wird, läßt sich die Übernahme „im wesentlichen" prognostizieren. Wird es „aller Voraussicht nach" nur darum gehen, eine unterschiedliche wirtschaftliche Ausgangssituation im mittelbar arbeitskampfbetroffenen Tarifgebiet zu berücksichtigen, oder gebietet dort z. B. ein ungekündigter Manteltarifvertrag gewisse Rücksichtnahmen, ist die Übernahmeprognose möglich.

2. Prognosefragen

a) Zeitpunkt ex ante

Die Übernahmeprognose ist wie jede Prognose ein Wahrscheinlichkeitsurteil. Sie ist bei Beginn des Arbeitskampfes für die Zeit nach seinem Abschluß, also ex ante, zu stellen. Ex ante muß sie den nachfolgend darzustellenden Anforderungen genügen. Läßt sich nach diesen Anforderungen die Übernahmeprognose stellen, ist die Ruhensvoraussetzung des § 116 III 1 Nr. 2 b AFG erfüllt. Die Ruhensvoraussetzung entfällt nicht, wenn sich nach Abschluß des Arbeitskampfes, also ex post, herausstellt, daß das Ergebnis des Arbeitskampfes *nicht* „im wesentlichen übernommen" worden ist.[39] Denn wie bei allen Prognosen des Verwaltungsrechts beurteilt sich die Richtigkeit der Übernahmeprognose und damit die Rechtmäßigkeit der Entscheidung

---

[39] So zutreffend der Bericht des Ausschusses für Arbeit und Sozialordnung, BT-Drucks. 10/5214, S. 12.

des Neutralitätsausschusses aus der Sicht ex ante, nicht aus der Sicht ex post.[40]

b) Das typischerweise vorhandene Datenmaterial und seine Eignung als Prognosegrundlage

Als Wahrscheinlichkeitsurteil muß sich die Prognose auf Tatsachen und Daten stützen.[41] Die Prognosegrundlagen müssen ausgewiesen werden.[42] Freischwebende Vermutungen und Ahnungen reichen nicht aus.[43]

Ein wesentliches Datum für die Übernahmeprognose wäre die genaue Kenntnis des Arbeitskampfergebnisses. Denn natürlich hängt es wesentlich mit von seinem Inhalt ab, ob das Arbeitskampfergebnis in dem mittelbar arbeitskampfbetroffenen Tarifgebiet übernommen wird oder nicht. Gerade dieses wesentliche Datum ist in dem Augenblick, in welchem die Übernahmeprognose zu stellen ist (zu Beginn des Arbeitskampfes), aber noch nicht verfügbar. So gesehen verlangt § 116 III 1 Nr. 2 b AFG die Prognose, daß die Tarifvertragsparteien das Arbeitskampfergebnis *unabhängig* von seinem Inhalt im mittelbar arbeitskampfbetroffenen Tarifgebiet *auf jeden Fall* übernehmen werden. Die zu Beginn des Arbeitskampfes vorhandenen Daten müssen also die Aussage rechtfertigen, daß die Tarifvertragsparteien das Arbeitskampfergebnis „aller Voraussicht nach" gleichsam *blind* übernehmen werden.

Im Bericht des Ausschusses für Arbeit und Sozialordnung nennt die Ausschußmehrheit als Daten für die Übernahmeprognose „das Verhalten der Tarifvertragsparteien bei früheren Tarifauseinandersetzungen, ihre Erklärungen in der laufenden Tarifauseinandersetzung und alle sonstigen Umstände der laufenden Tarifauseinandersetzung".[44]

aa) Daß die Tarifvertragsparteien bereits bei Beginn des Arbeitskampfes *Erklärungen* abgegeben haben, aus welchen auf eine Übernahme des Arbeitskampfergebnisses geschlossen werden könnte, dürfte so gut wie nie vor-

---

[40] Zur Gefahrenprognose im Polizei- und Ordnungsrecht s. insoweit zusammenfassend *Martens*, in: Drews/Wacke/Vogel/Martens, Gefahrenabwehr, 9. Aufl. 1986, S. 223 mit allen Nachweisen; zur parallelen Situation bei Prognosen des Gesetzgebers s. BVerfGE 50, 290 (335).

[41] Darauf und auf das Erfordernis, die Übernahmeprognose „in einer methodisch einwandfreien Weise" erarbeiten zu müssen, weist der Bericht des Ausschusses für Arbeit und Soziaordnung ausdrücklich hin; BT-Drucks. 10/5214, S. 12.

[42] BVerfGE 50, 290 (332).

[43] s. BVerfGE 69, 315 (354) zu § 15 I VersammlungsG; vgl. ferner BVerwGE 6, 114 (116 f.); 39, 197 (204); 41, 53 (58); 55, 217 (219).

[44] BT-Drucks. 10/5214, S. 12.

kommen. Im übrigen würde die Erklärung einer Seite noch nicht besagen, daß auch die andere Seite die Übernahme des Arbeitskampfergebnisses anstrebt. Die Übernahmeprognose muß sich nach dem Gesetz aber für *beide* Seiten stellen lassen. *Beiderseitige* Erklärungen oder Vereinbarungen zur Übernahme kommen in der Praxis erst in Betracht, wenn das Arbeitskampfergebnis vereinbart wird.[45] So oder so wird sich die Gewerkschaft hüten, eine Übernahmeerklärung abzugeben, welche zum Ruhen des Anspruchs auf Kug führen kann.

bb) Wenn die Tarifvertragsparteien das Arbeitskampfergebnis bei *früheren* Tarifauseinandersetzungen übernommen haben, so hat das regelmäßig nur begrenzte Aussagekraft für das mögliche Verhalten der Tarifvertragsparteien nach Abschluß des gegenwärtigen Arbeitskampfes. In der Metallindustrie pflegen Arbeitskämpfe nur in größeren zeitlichen Abständen geführt zu werden. Daher beschränkt sich das Anschauungsmaterial aus früheren Arbeitskämpfen von vornherein auf wenige Fälle. In jedem Einzelfall lagen der Übernahme bestimmte Voraussetzungen zugrunde. Vor allem war den übernehmenden Tarifvertragsparteien der Inhalt des Arbeitskampfergebnisses jeweils bekannt. Mitunter war (erst) bei Beendigung des Arbeitskampfes eine Übernahmezusage abgegeben worden oder die Übernahme als so gut wie sicher in Aussicht gestellt gewesen. Es lag im mittelbar arbeitskampfbetroffenen Tarifgebiet eine bestimmte wirtschaftliche Situation vor. Ob derart hinreichende Voraussetzungen für die Übernahme auch im Anschluß an den gegenwärtigen Arbeitskampf vorliegen werden, läßt sich im Zeitpunkt des *Beginns* des Arbeitskampfes aus den wenigen Übernahmen in der Vergangenheit regelmäßig nicht ohne weiteres ableiten. Das gilt um so mehr, als es hinreichend Gegenbeispiele gibt, in welchen das Ergebnis des Arbeitskampfes *nicht* ohne weiteres (s. zu diesem Erfordernis S. 56 f.) übernommen worden ist.[46]

Seiter[47] meint aus „den bisherigen Erfahrungen" entnehmen zu können, „daß eine Gewerkschaft wie die IG Metall ... im Ergebnis für alle Tarifbezirke die gleichen Arbeitsbedingungen durchsetzen will". Dem steht indessen die Tatsache entgegen, daß die IG Metall in der Vergangenheit für verschiedene Tarifbezirke durchaus unterschiedliche Forderungen erhoben hat. Des weiteren kommt es nicht auf die Bestrebung der Gewerkschaft im Zeitpunkt der Forderungsaufstellung an, sondern auf die Frage, ob das *Arbeitskampfergebnis* im Interesse der Einheitlichkeit übernommen werden soll. Das entscheidet die Gewerkschaft — wie soeben bereits angedeutet wurde — aber danach, wie gut oder wie schlecht das Arbeitskampfergebnis ausgefal-

---

[45] Dazu der IG Metall-Vorsitzende *Mayr*, Stenographisches Protokoll über die Anhörung vor dem BT-Ausschuß für Arbeit und Sozialordnung, S. 204.

[46] s. *Mayr*, Stenographisches Protokoll der Anhörung, S. 204 ff.

[47] Staatsneutralität im Arbeitskampf, 1987, S. 222 f.

len ist; ein Streben nach Einheitlichkeit würde für sich nicht ausreichen, auch ein „schlechtes" Arbeitskampfergebnis in andere Tarifbezirke zu übernehmen. Schließlich würde es für die Übernahmeprognose nicht alleine auf ein Streben der Gewerkschaft nach Vereinheitlichung, sondern auch noch auf den Gleichklang mit entsprechenden Bestrebungen der Arbeitgeberseite ankommen. Ein generelles Streben der Arbeitgeberverbände nach Vereinheitlichung läßt sich aus früheren Tarifauseinandersetzungen (ebenfalls) nicht ableiten.

cc) Als „sonstige Umstände der laufenden Tarifauseinandersetzungen" kommen vor allem die *organisationsinternen* Strukturen und Strategien der Tarifvertragsparteien in Betracht. Bei einem Arbeitskampf in der Metallindustrie sind die Forderungen der IG Metall und die Strategien des Arbeitskampfes zentral durch den Vorstand der IG Metall koordiniert. Eine vergleichbare zentrale Abstimmung kann auf der Arbeitgeberseite beobachtet werden, obgleich „Gesamt-Metall" als zentrale Instanz rechtlich nicht mit dem Arbeitgeberverband des Kampfbezirkes und dem wieder anderen Arbeitgeberverband des mittelbar arbeitskampfbetroffenen Tarifgebietes identisch ist (s. später). Auch diese Zentralisierungen bedeuten aber nicht zwingend, daß das Arbeitskampfergebnis im mittelbar arbeitskampfbetroffenen Tarifgebiet im wesentlichen übernommen wird.[48] Das kann so sein, muß aber nicht so sein. Gegenbeispiele lassen sich aufzählen.[49]

Letztendlich ändert sich auch durch die Zentralisierung nichts an den schon erwänten Vorgaben, wonach eine Übertragung *ohne weiteres* nur erfolgt, wenn sie sich vom Inhalt des Arbeitskampfergebnisses her rechtfertigen läßt, wenn die wirtschaftliche Situation im mittelbar arbeitskampfbetroffenen Tarifgebiet die Übertragung zuläßt, wenn die Übertragung etwa vereinbart worden ist usw. *Wer* entscheidet, ob derartige Vorgaben erfüllt sind, ob das zentrale Instanzen sind oder ob diese Entscheidung dezentral getroffen wird, ist weniger relevant.

Aus allem folgt: In dem Zeitpunkt, in welchem die Übernahmeprognose gestellt werden muß (Beginn des Arbeitskampfes), ist die Datenlage typischerweise *dürftig*, ohne *zwingende* Aussagekraft für die Übernahmefrage.

c) Wahrscheinlichkeitsmaßstab und Intuition

Bei der Dürftigkeit der Datenlage wird wesentlich, mit welchem *Grad* von Wahrscheinlichkeit sich die Übernahmeprognose stellen lassen muß, wie groß das Risiko der Fehlprognose sein darf. Wahrscheinlichkeiten lassen

---

[48] So aber *Löwisch*, NZA 1986, 345 (348).

[49] s. *Mayr*, Stenographisches Protokoll der Anhörung vor dem BT-Ausschuß für Arbeit und Sozialordnung, S. 204 ff.; s. auch *Kirchner*, ebendort, S. 185 f.

sich nicht mathematisch exakt auf einer Skala fixieren. Es lassen sich aber verschiedene Grade von Wahrscheinlichkeit verbalisieren. Hierbei reicht eine gleitende Skala von der bereits früher genannten „an Sicherheit grenzenden Wahrscheinlichkeit" über eine „große" und über eine „einfache" Wahrscheinlichkeit bis zur bloßen oder sogar nur ganz geringen „Möglichkeit".[50]

§ 116 III 1 Nr. 2 b AFG nennt den anzusetzenden Wahrscheinlichkeitsmaßstab ausdrücklich. Das Arbeitskampfergebnis muß „aller Voraussicht nach" in den räumlichen Geltungsbereich des nicht umkämpften Tarifvertrages übernommen werden. Soweit ersichtlich, hat die Rechtsprechung sich mit einem so formulierten Wahrscheinlichkeitsmaßstab noch nicht zu beschäftigen gehabt. Es finden sich aber Entscheidungen des Bundesverwaltungsgerichts, welche den Gesetzesbegriff einer „voraussichtlich" erlangten Beamtenbeförderung im Wiedergutmachungsrecht erläutern.[51] Wegen der Beweisnot, welche die Geschädigten in aller Regel beschwert, plädiert das Gericht hier für eine „weitherzige Auslegung" des Wahrscheinlichkeitsmaßstabes „voraussichtlich". Es reiche hin, wenn der Geschädigte die von ihm erstrebte Beförderung ohne Diskriminierung „mit überwiegender Wahrscheinlichkeit" erlangt haben würde.

Anders als bei der gegenwartsbezogenen Diagnose über die Vorstellungen der Gewerkschaft zur Hauptforderung (s. S. 44 f.) ist die Datenlage für die zukunftsbezogene Übernahmeprognose *typischerweise* dürftig. Vergleichbar dem Wiedergutmachungsrecht besteht für die Übernahmeprognose also typischerweise ein Beweisnotstand. Daher kann auch hier nur ein gegenüber der „mit an Sicherheit grenzenden Wahrscheinlichkeit" herabgesetzter Wahrscheinlichkeitsmaßstab gemeint sein. Andererseits verlangt § 116 III 1 Nr. 2 b AFG nicht bloß, daß das Arbeitskampfergebnis voraussichtlich übernommen wird. Vielmehr muß es *„aller* Voraussicht nach" übernommen werden. Nach dem allgemeinen Sprachgebrauch kommt in dieser Formulierung ein strikterer Wahrscheinlichkeitsmaßstab zum Ausdruck, als er mit dem Erfordernis einer bloß „voraussichtichen" Übernahme zum Ausdruck gebracht wäre. Also liegt der Wahrscheinlichkeitsmaßstab *über* dem der „überwiegenden Wahrscheinlichkeit". Damit umschreibt die Formulierung „aller Voraussicht nach" einen Wahrscheinlichkeitsmaßstab, welcher zwischen der „überwiegenden Wahrscheinlichkeit" und der „mit an Sicherheit grenzenden Wahrscheinlichkeit" liegt. Auf der schon wiedergegebenen gleitenden Skala wird man den Wahrscheinlichkeitsmaßstab für die Übernahmeprognose mit der „großen Wahrscheinlichkeit" gleichsetzen können und müssen.[52]

---

[50] s. *Schwerdtfeger*, Festschrift für Ipsen, 1972, S. 182.

[51] BVerwGE 3, 317 (319); 6, 114 (116 f.)

[52] *Schmidt / Preuß*, DB 1986, 2488 (2492), spricht hier von „hoher Wahrscheinlichkeit".

Bei der Dürftigkeit der Datenlage auf der einen Seite und bei dem beschriebenen Wahrscheinlichkeitsmaßstab auf der anderen Seite wird der Rechtsanwender bei der Übernahmeprognose Zurückhaltung zu üben haben. Geht der Neutralitätsausschuß im Wege „freier Beweiswürdigung" mit Mehrheit davon aus, daß das Arbeitskampfergebnis im mittelbar arbeitskampfbetroffenen Tarifgebiet aller Voraussicht nach übernommen werden *wird*, ist das (wiederum) eine intuitive Entscheidung par excellence, welcher ergebnisbezogen durchaus auch willentliche Elemente anhaften können.

VI. Sonderprobleme: (Verdeckt) erhobene Forderungen

1. Beschlossene Forderungen

Die Forderung, die einer Hauptforderung des Arbeitskampfes nach Art und Umfang gleich ist (§ 116 III 1 Nr. 2 a AFG), muß *erhoben* sein. Nach § 116 III 2 AFG ist eine Forderung *jedenfalls* erhoben, „wenn sie von der zur Entscheidung berufenen Stelle *beschlossen* worden ist". Liegt ein solcher Beschluß vor, ergeben sich keine besonderen Probleme. Nach § 18 Nr. 3 a der Satzung der IG Metall in ihrer ab 1.1.1990 gültigen Fassung in Verbindung mit III Nr. 2 der Richtlinien des Vorstandes der IG Metall für Tarifkommissionen werden die Forderungen von der zuständigen bezirklichen Tarifkommission *empfohlen* und dann vom Vorstand der IG Metall *genehmigt*. Mit dieser Genehmigung sind die Forderungen „beschlossen" i. S. von § 116 III 2 AFG. Nach dem Gesetzeswortlaut reicht dabei der (innerverbandliche) Beschluß als solcher aus. Die Bekanntgabe gegenüber dem Verhandlungspartner ist nicht erforderlich.[53]

2. Fehlender Beschluß, Fragen der Gesetzesauslegung

Nach § 116 III 2 AFG ist eine Forderung auch erhoben, wenn ein förmlicher Beschluß fehlt, sie aber „auf Grund des Verhaltens der Tarifvertragspartei im Zusammenhang mit dem angestrebten Abschluß des Tarifvertrages als beschlossen anzusehen ist". Offenbar soll so dem Fall vorgebeugt werden, daß die „zur Entscheidung berufene Stelle" (Vorstand) für das mittelbar arbeitskampfbetroffene Tarifgebiet eine Beschlußfassung über Forderungen unterläßt, um zu vermeiden, daß die Voraussetzung des § 116 III 1 Nr. 2 a AFG für das Ruhen des Anspruches auf Arbeitslosengeld/Kug eintritt.[54]

---

[53] Ebenso die Beschlußempfehlung des Ausschusses für Arbeit und Sozialordnung, BT-Drucks. 10/5214, S. 17.

[54] Bei Arbeitskämpfen in der Metallindustrie wird § 116 III 2 AFG keine praktische Bedeutung entfalten. Denn nach § 1 der Schlichtungs- und Schiedsvereinbarung

a) Die Forderung muß „als beschlossen *anzusehen*" sein. Damit geht es auch hier um eine *Diagnose*. Mit ihr ist zu beurteilen, ob die Forderung beschlossen worden wäre, wenn die Gewerkschaft auf den Beschluß nicht aus taktischen Gründen verzichtet hätte. Dabei ist die Diagnose auf das für die Beschlußfassung *zuständige* Organ, den Vorstand, zu beziehen. Zumal der Gesetzgeber nur ein „Schlupfloch" verstopfen wollte, kann nicht angenommen werden, er habe mit dem für die reale Beschlußfassung vorher erwähnten präzisen Ansatz bei der „zur Entscheidung berufenen Stelle" brechen wollen. Außerdem würde es auch gegen Art. 9 III GG verstoßen, wenn der Gesetzgeber die innerverbandliche Kompetenzverteilung überspielen wollte: über die Aufstellung der Forderungen entscheidet nach der Satzung der IG Metall letztverbindlich der Vorstand in *seiner* Autonomie. Das kann nicht anders sein, wenn beurteilt werden muß, ob eine Forderung „als beschlossen anzusehen" ist.

b) Als Wahrscheinlichkeitsurteil hat sich die Diagnose wiederum auf vorhandene *Daten* zu stützen. Freischwebende Vermutungen reichen nach wir vor nicht aus. § 116 III 2 AFG gibt an, auf *welche* Daten sich das Wahrscheinlichkeitsurteil über einen „in der Luft liegenden" Beschluß des Vorstandes zu stützen hat: auf „das Verhalten der Tarifvertragspartei im Zusammenhang mit dem angestrebten Abschluß des Tarifvertrages".

In dieser Formulierung ist eine wesentliche Eingrenzung enthalten. Das Gesetz stellt auf das Verhalten „*der* Tarifvertragspartei" *als solcher* ab, *nicht* auf das Verhalten ihrer Mitglieder. Das ergibt sich schon aus dem Gesetzeswortlaut. Es ergibt sich zusätzlich aber auch, wenn man die übliche Regelungstechnik des Gesetzgebers in verwandten Problemkonstellationen in den Blick nimmt. Wenn neben oder an Stelle des Handelns der Vereinigung als solcher das Handeln ihrer Mitglieder relevant sein soll, pflegt der Gesetzgeber das — wie in Art. 21 II GG für das Parteienverbot — ausdrücklich so zu regeln. Demgemäß ist es unreflektiert, wenn die Literatur[55] unbesehen Diskussionen auf Betriebsversammlungen, Erklärungen einzelner Gewerkschaftsfunktionäre, Flugblätter, Verbandszeitschriften usw. einbeziehen möchte.

Als nichtrechtsfähiger Verein handelt „*die* Tarifvertragspartei" (IG Metall) durch ihre *Organe*. Wie § 31 BGB allgemein belegt, gilt das auch für faktisches Verhalten. Demgemäß kommt es nach § 116 III 2 AFG auf das Verhalten der *Organe* der Tarifvertragspartei und hier — noch enger eingegrenzt — auf das Verhalten *der* Organe an, welche nach der innerverbandli-

---

für die Metallindustrie vom 14.12.1979 ist die IG Metall verpflichtet, ihre Forderungen für den Neuabschluß des Tarifvertrages dem Arbeitgeberverband „spätestens vier Wochen vor Ablauf des Tarifvertrages zu übermitteln". Geschieht das nicht, verlängert sich nach § 3 II der Schlichtungs- und Schiedsvereinbarung die Friedenspflicht.

[55] So etwa *Löwisch*, NZA 1986, 345 (347 f.).

chen Kompetenzverteilung dazu befugt sind, „im Zusammenhang mit dem angestrebten Abschluß des Tarifvertrages" für die Tarifvertragspartei zu handeln. Das sind neben dem Vorstand vor allem die Tarifkommission und ihre Verhandlungskommission. Aus dem Verhalten dieser Organe[56] muß sich ergeben, daß die Forderung als durch den Vorstand beschlossen anzusehen ist, auch wenn es an einem förmlichen Beschluß fehlt. Diskussionen auf Betriebsversammlungen, Erklärungen einzelner Gewerkschaftsfunktionäre, Flugblätter, Verbandszeitschriften usw. sind lediglich *Indizien* dafür, daß die genannten *zuständigen* Gremien sich so verhalten haben könnten, daß eine Forderung als beschlossen anzusehen ist. Sie werden erheblich, *wenn* zum tatsächlichen Verhalten der Gremien Unklarheiten bestehen, etwa weil es nach außen nicht publik gemacht worden ist. Gesetzliche *Anknüpfung* bleibt aber trotzdem das Verhalten der genannten *Organe*. Eine Beweislastumkehr über den „Beweis des ersten Anscheins" tritt nicht ein.[57] Denn der prima-facie-Beweis hat äußerst enge Anforderungen. Diese liegen nicht vor.

c) Im Wahrscheinlichkeitsmaßstab muß sich die Diagnose „mit an Sicherheit grenzender Wahrscheinlichkeit" stellen lassen. Wie gesagt wurde,[58] ist das der übliche Wahrscheinlichkeitsmaßstab. Anhaltspunkte dafür, daß der Gesetzgeber einen geringeren Grad von Wahrscheinlichkeit verlang haben könnte, sind nicht ersichtlich. Im Gegenteil: Nach dem Gesetzeswortlaut ist die Forderung erhoben, wenn sie „als beschlossen anzusehen *ist*". Das deutet auch ausdrücklich auf einen *strikten* Wahrscheinlichkeitsmaßstab hin. Dieser Wahrscheinlichkeitsmaßstab folgt zudem aus Sinn und Kontext der Vorschrift. Im *primären* Abstellen auf die formell *beschlossene* Forderung unterwirft sich der Gesetzestext voll der autonomen Entscheidung der Tarifvertragspartei. Anderes wäre wegen der durch Art. 9 III GG geschützten Tarifautonomie auch gar nicht möglich, solange — wie bei § 116 III 1 Nr. 2 a AFG — an die *subjektiv* von der Tarifvertragspartei erhobene Forderung angeknüpft wird. Bei dieser Autonomie muß es — wie gesagt wurde — auch bleiben, wenn der formelle Beschluß unterbleibt. Dort wie hier dürfen der Tarifvertragspartei nicht gleichsam von *außen* Forderungen *unterstellt* werden, welche sie *selbst* gar nicht erhebt. Diese Unterstellung läßt sich aber nur vermeiden, wenn für die Diagnose, was ohne formellen Beschluß der Tarifkommission „als beschlossen anzusehen" ist, ein *strikter* Wahrscheinlichkeitsmaßstab angelegt wird. Es muß sich auf Grund der ermittelten Einzeldaten „mit an Sicherheit grenzender Wahrscheinlichkeit" sagen lassen, daß der Vorstand die Forderung unter „normalen Umständen" beschlossen

---

[56] Auf sie konzentrieren sich zutreffend auch *Schmidt-Preuß*, DB 1986, 2488 (2490); *Seiter*, Staatsneutralität im Arbeitskampf, 1987, S. 200 ff.

[57] So aber *Seiter*, Staatsneutralität im Arbeitskampf, 1987, S. 204.

[58] S. 45.

hätte, der ,Beschluß nur aus taktischen Gründen unterblieben oder zurückgestellt worden ist.

3. Praktische Bedeutung in Einzelfällen

Mustert man die denkbaren Einzelfallkonstellationen durch, entsteht der Eindruck, daß die beschriebene Diagnose und damit die *Subsumtion* unter § 116 III 2 AFG bei der vorgeschlagenen Gesetzesauslegung keine besonderen Schwierigkeiten macht.

1. Fallkonstellation: Es liegt ein Beschluß der Tarifkommission vor, welcher die Forderung formuliert. Nur der genehmigende Beschluß des Vorstandes, welcher der Forderung Verbindlichkeit verschafft, fehlt. Entspricht der Beschluß der Tarifkommission einer vorher ausgegebenen allgemeinen Empfehlung des Vorstandes oder hat der Vorstand eine identische oder ohne weiteres vergleichbare Forderung für ein anderes Tarifgebiet, insbesondere für das Kampfgebiet, genehmigt, kann man mit an Sicherheit grenzender Wahrscheinlichkeit annehmen, dem Vorstandsbeschluß stehe nichts im Wege, er unterbleibe alleine aus taktischen Gründen.

2. Fallkonstellation: Die gleiche Grundsituation kann vorhanden sein, wenn außer dem Beschluß des Vorstandes auch ein Beschluß der Tarifkommission fehlt, die Forderung in der Tarifkommission aber so weitgehend behandelt worden ist, daß über sie Einigkeit besteht. Ist auf der Vorstandsebene die gleiche Konstellation gegeben wie in der ersten Fallgestaltung, kann man auch hier die Forderung als beschlossen ansehen.

3. Fallkonstellation: Die Tarifkommission hat sich mit den Forderungen gar nicht befaßt oder mögliche Forderungen nur kontrovers diskutiert, ohne zu einem Abschluß zu kommen. Hier läßt sich aus dem Verhalten der Tarifkommission *nicht* die Diagnose herleiten, daß die Forderung von der Gewerkschaft „in Wahrheit" erhoben sei.

4. Fallkonstellation: Die Tarifkommission ist zwar nicht einberufen worden, es liegt aber für alle Tarifgebiete eine Empfehlung des Vorstandes an die Tarifkommissionen vor. Trotz einer Empfehlung des Vorstandes behalten die Tarifkommissionen in der Regel ihre Autonomie. Weicht eine Tarifkommission in *ihrer* regionalen Empfehlung von der Empfehlung des Vorstandes ab, ist die Empfehlung trotzdem genehmigungsfähig. Daher läßt sich *alleine* aus einer allgemeinen Vorstandsempfehlung nicht schließen, daß die Forderung für die Gewerkschaft schon „beschlossene Sache" ist. Das gilt insbesondere auch bei Abweichungen im Umfang der Forderung, welcher in Empfehlungen des Vorstandes zumeist ohnehin nur mit einem vorgegebenen Spielraum enthalten ist. Nach § 116 III 1 Nr. 2 a AFG muß sich nach dem Verhalten der zuständigen Organe aber gerade auch der Umfang der Forderung „als beschlossen" ansehen lassen.

5. Fallkonstellation: Anderes kann gelten, wenn eine Empfehlung des Vorstandes ganz präzise ist *und* atypischerweise so verstanden werden muß, daß der Vorstand eine abweichende Empfehlung der Tarifkommission *von vornherein* auf *keinen Fall* als genehmigungsfähig ansieht. Jetzt ist die Autonomie der Tarifkommission außer

Kraft gesetzt, ihre Empfehlung reine Formsache. (Nur) jetzt kann die Forderung schon allein auf Grund der Empfehlung des Vorstandes „als beschlossen" angesehen werden.

Damit zeigt sich: Allenfalls in Ausnahmekonstellationen kann zweifelhaft werden, ob eine Forderung auf Grund des Verhaltens der zuständigen Organe „als beschlossen" anzusehen ist oder nicht. In *diesen* Fällen kann der Neutralitätsausschuß wiederum nur *intuitiv* entscheiden.

VII. Zusammenfassende Verortung der Hauptprobleme

1. Fortsetzung des überkommenen gewerkschaftlichen Verhaltens

a) Solange die Gewerkschaften ihr überkommenes Verhalten nicht ändern, dürfte es in der Regel keine Schwierigkeiten bereiten, in der dargestellten Weise die „*Hauptforderung* des Arbeitskampfes" zu identifizieren. Auslegungsprobleme, welche sich zum Begriff der Hauptforderung ergeben, sind mit Hilfe der üblichen Auslegungsmethoden und über den Stellvertretergedanken lösbar. Die Subsumtion macht keine besonderen Schwierigkeiten. Verbleibende Unsicherheiten in der Auslegung und in der Subsumbtion halten sich im Rahmen dessen, was der Rechtsanwender bei unbestimmten Gesetzesbegriffen allgemein gewohnt ist.

b) Demgegenüber entstehen fast im Regelfall erhebliche Probleme, soweit beurteilt werden muß, ob eine im mittelbar arbeitskampfbetroffenen Tarifgebiet erhobene Forderung der Hauptforderung des Arbeitskampfes „nach Art und Umfang *gleich* ist, ohne mit ihr übereinstimmen zu müssen".

Das gilt schon für auftauchende Auslegungsfragen. Mit Hilfe der üblichen Auslegungsmethoden und über die „Stellvertreterlehre" lassen sich zu den Auslegungsfragen nur teilweise argumentativ geschlossene Lösungsvorschläge unterbreiten. Die Frage, ob nur eine „annähernde" materiale Gleichheit oder eine strikte materiale Gleichheit gefordert ist, läßt sich mit Mitteln der Auslegung nicht entscheiden. Gesetzestechnisch gesehen hätte der Gesetzgeber die Möglichkeit zu einer klaren eigenen Entscheidung gehabt. Statt diese Möglichkeit wahrzunehmen, hat der Gesetzgeber die Entscheidung der *reinen* Dezision des Rechtsanwenders überlassen.

Auch wenn die Auslegungsfrage entschieden ist, bleiben *erhebliche* Unsicherheiten bei der Subsumtion bestehen. Innerhalb einer Bandbreite, welche im Einzelfall gegenteilige Entscheidungen ermöglicht, kann der Rechtsanwender nur intuitiv beurteilen, ob die zu vergleichenden Forderungen gleich oder ungleich sind.

Das Erfordernis der *Übernahmeprognose* wirft Auslegungsfragen auf, zu welchen Lösungsvorschläge unterbreitet werden konnten. Weil auf der einen

Seite die Datenlage dürftig ist und auf der anderen Seite eine große Wahrscheinlichkeit für die Übernahme bestehen muß, ist bei der Übernahmeprognose Zurückhaltung geboten. Geht der Neutralitätsausschuß im Wege
„freier Beweiswürdigung" mit Mehrheit davon aus, daß das Arbeitskampfergebnis im mittelbar arbeitskampfbetroffenen Tarifgebiet aller Voraussicht
nach übernommen werden wird, ist das eine intuitive Entscheidung der
skizzierten Art par excellence, welcher ergebnisbezogen auch willentliche
Elemente anhaften können.

2. Änderung des überkommenen gewerkschaftlichen Verhaltens

Sonderfragen entstehen, wenn die Gewerkschaften sich in Zukunft ver-
deckt verhalten sollten, einerseits möglichst nicht mehr zu erkennen geben,
welches die *eigentliche* Forderung des Arbeitskampfes ist, derentwegen sie
kämpfen, und/oder andererseits darauf verzichten, für das mittelbar arbeitskampfbetroffene Tarifgebiet Forderungen zu beschließen. Für die rechtliche Beurteilung ist unerheblich, ob es den Gewerkschaften von den tatsächlichen und satzungsrechtlichen Gegebenheiten sowie von ihrem Selbstver-
ständnis her möglich ist, derartige Wege zu beschreiten. Das Gesetz trifft
Regelungen auch für diesen Fall und ist deshalb auch auf derart veränderte
Verhaltensweisen hin „abzuklopfen".

Auf der Ebene der Subsumtion entsteht jetzt auch bei der Hauptforderung
die Notwendigkeit zu intuitiver Entscheidung des Rechtsanwenders mit der
Möglichkeit zu durchaus gegenteiligen Einzelfallentscheidungen.

Ob im mittelbar arbeitskampfbetroffenen Tarifgebiet eine Forderung
auch ohne förmlichen Beschluß „auf Grund des Verhaltens der Tarifvertragspartei . . . als beschlossen anzusehen ist", läßt sich hingegen in Auslegung
und Subsumtion in der Regel verhältnismäßig klar beurteilen.

3. Hauptprobleme

Die Hauptprobleme liegen damit im Normalfall bei der Gleichheit der
Forderungen und bei der Übernahmeprognose, bei der Gleichheit der
Forderungen schon auf der Ebene der Auslegung, bei der Gleichheit und bei
der Übernahmeprognose (auch) in der (bloß) *intuitiven* Subsumtion. Sollten
die Gewerkschaften ihr überkommenes Verhalten ändern, kämen Subsum-
tionsprobleme (Intuition) bei der Identifizierung der Hauptforderung des
Arbeitskampfes hinzu.

2. Abschnitt
Verfassungsrechtliche Fragen der Bestimmtheit

I. Einstieg

Nachfolgend ist zu untersuchen, ob die dargestellten Unbestimmtheiten, welche zu Unsicherheiten in der Auslegung und in der (intuitiven) Subsumtion führen, § 116 III 1 Nr. 2 AFG verfassungswidrig machen. Dabei wird ein Bedenken aufgegriffen, welches bereits im Gesetzgebungsverfahren vorgebracht worden ist.[59]

In der Literatur sind Fragen nach der hinreichenden Bestimmtheit nur eher am Rande behandelt worden.[60] Und die Ergebnisse sind nur spekulativ. Denn sie beruhen nicht auf der „Feldarbeit" von Bemühungen um die einfachgesetzliche Auslegung, welche erst die Grundlage für verfassungsrechtliche Beurteilungen auf der Grundlage des Bestimmtheitsgebotes geben können. Soweit die Feldarbeit zur *Auslegung* geleistet wird (bei Seiter), bleiben immer noch die *auch* relevanten Unsicherheiten in der *Subsumtion* ausgeklammert.

1. Problemansätze

Im Zusammenhang mit dem Bestimmtheitsgrundsatz sind drei Ansätze zu verfolgen.

Erstens geht es um die Frage, ob die Unbestimmtheiten und Unsicherheiten mit dem Vorbehalt des Parlamentsgesetzes als Ausdruck des rechtsstaatlichen *Gewaltenteilungsprinzips* vereinbar sind. Der Vorbehalt des Gesetzes verlangt, daß (hinreichend klar) das Parlament entscheidet, unter welchen Voraussetzungen die Exekutive in Grundrechtspositionen eingreift, und die Bestimmung dieser Voraussetzungen nicht der Exekutive selbst überläßt.

Zweitens geht es um einen Aspekt der *Rechtssicherheit* als (weiterem) Element des Rechtsstaatsprinzips, welcher von der Gewaltenteilung unterschieden werden muß. Um rechtzeitig entscheiden zu können, ob und inwieweit sie auf die Forderungen und/oder Angebote der jeweiligen Gegenseite eingehen sollten, müssen beide Tarifvertragsparteien schon im Zeit-

---

[59] s. *Schwerdtfeger*, Stenographisches Protokoll der 91./92./93. Sitzung des BT-Ausschusses für Arbeit und Sozialordnung (Anhörung), S. 363; Stellungnahme der Mitglieder der SPD-Fraktion im Bericht des Ausschusses für Arbeit und Sozialordnung, BT-Drucks. 10/5214, S. 14 f.

[60] s. z. B. *Ossenbühl/Richardi*, Neutralität im Arbeitskampf, 1987, S. 230 (kein Verfassungsverstoß); *Seiter*, Staatsneutralität im Arbeitskampf, 1987, S. 354 ff. (kein Verfassungsverstoß).

punkt der Tarif*verhandlungen* ihre machtmäßige Potenz für den Fall eines Arbeitskampfes hinreichend sicher einschätzen können. Wesentlich für diese Einschätzung ist Sicherheit in der Frage, ob im Arbeitskampf an die mittelbar arbeitskampfbetroffenen Arbeitnehmer Kug gezahlt würde oder nicht. Anders als beim Vorbehalt des Gesetzes als Aspekt der Gewaltenteilung geht es hier nicht darum, *wer* die rechtlichen Voraussetzungen für das Ruhen des Kug (hinreichend bestimmt) festzulegen hat (der Gesetzgeber). Entscheidend ist vielmehr, daß diese Voraussetzungen so *rechtzeitig* bekannt sind, daß die Tarifvertragsparteien schon im Zeitpunkt der Tarif*verhandlungen* hinreichend sicher entscheiden können.

Drittens geht es um die *(passive) Neutralität* der Bundesanstalt für Arbeit. Die Bundesanstalt darf nicht *während* eines schwebenden Arbeitskampfes dezisionistisch die Bedingungen des Arbeitskampfes festlegen (Zahlung von Kug oder Ruhen des Anspruchs von Kug). Auch eine derartige Dezision wird nur vermieden, wenn der Gesetzestext hinreichend eindeutig ist und vor allem auch keine intuitive Subsumtion im beschriebenen Sinne[61] gefordert ist.

Die Rechtsprechung des Bundesverfassungsgerichts zum Bestimmtheitsgebot hat beim ersten dieser drei Ansätze ihren Schwerpunkt. Die beiden anderen Ansätze für ein Bestimmtheitsgebot hat das Bundesverfassungsgericht bisher noch nicht abgetastet. Hier müssen die nachfolgenden Darstellungen also Neuland betreten.

2. Betroffene Grundrechte

Es wird sich zeigen, daß hinter allen drei Problemansätzen Grundrechte stehen. Deshalb sei vorweg kurz skizziert, *welche* Grundrechte einschlägig sind.

a) In allen Problemansätzen geht es um die *Koalitionsfreiheit* der Tarifvertragsparteien aus Art. 9 III GG. Art. 9 III 1 GG enthält nach der Rechtsprechung des Bundesverfassungsgerichts drei Schichten der Gewährleistung: (1) das Recht des einzelnen Arbeitnehmers oder Arbeitgebers, Koalitionen zu gründen, bestehenden Koalitionen nach freier Wahl beizutreten, wieder auszutreten oder ihnen fernzubleiben (= erste Schicht der Gewährleistung); (2) den Schutz der Koalition als solcher und ihr Recht, durch spezifisch koalitionsmäßige Betätigung die in Art. 9 III GG genannten Zwecke zu verfolgen (= zweite Schicht der Gewährleistung);[62] (3) das Recht auf einen Bestand an staatlichen Normen, welche die koalitionsmäßigen Betätigungen

---

[61] S. 37 f.
[62] s. insoweit zusammenfassend BVerfGE 50, 290 (367); 73, 261 (270).

ermöglichen (= dritte Schicht der Gewährleistung). Insoweit *benennt* das Bundesverfassungsgericht (bisher) vor allem die Existenz eines funktionsfähigen Tarifvertragssystems.[63]

Die skizzierten Verfassungsfragen der Bestimmtheit haben Bedeutung auch für den Arbeitskampf. Dem Bundesverfassungsgericht ist es bisher stets gelungen, die eindeutige Aussage zu vermeiden, daß auch der Arbeitskampf durch Art. 9 III GG gewährleistet sei. Der Arbeitskampf wird durch die zweite Gewährleistungsschicht des Art. 9 III GG intendiert. Er ist auch Voraussetzung für die Funktionsfähigkeit des Tarifvertragssystems innerhalb der dritten Schicht der Gewährleistung. Deshalb drängt schon die bisherige Rechtsprechung des Bundesverfassungsgerichts so sehr auf eine Einbeziehung des Arbeitskampfes in Art. 9 III GG,[64] daß es nur noch eine Frage der Zeit sein dürfte, bis auch das Bundesverfassungsgericht den Arbeitskampf in Art. 9 III GG *ausdrücklich* einbezieht. *Andeutungen* in dieser Richtung finden sich ohnehin schon in der Rechtsprechung des Bundesverfassungsgerichts.[65] In der Literatur wird — soweit ersichtlich — durchgehend angenommen, daß Art. 9 III GG auch die „Arbeitskampffreiheit" gewährleistet. Vor diesem Hintergrund wird in den nachfolgenden Ausführungen ohne weiteres davon ausgegangen, daß die „Arbeitskampffreiheit" durch Art. 9 III GG geschützt ist.

b) Im Zusammenhang mit dem Vorbehalt des Gesetzes geht es zusätzlich auch um die Grundrechte der *Versicherten*, deren Ansprüche auf Arbeitslosengeld/Kug nach § 116 III 1 Nr. 2 AFG ruhen sollen. Nach BVerfGE 72, 9 (18 ff.) unterfällt der Anspruch auf Arbeitslosengeld dem Schutzbereich der *Eigentumsgarantie* des Art. 14 I 1 GG. Ob gleiches auch für den Anspruch auf Kug gilt, hat das Bundesverfassungsgericht nicht entschieden.[66] In der Literatur wird die Anwendbarkeit des Art. 14 I 1 GG insoweit teils bejaht, teils verneint.[67]

Für die Zwecke dieser Arbeit kann der Streit dahinstehen. In seinem Wortlaut knüpft § 116 AFG an das Arbeitslosengeld an. Für das Kug *verweist* § 70 AFG nur auf § 116. Wenn § 116 AFG mit seiner Anknüpfung beim Arbeitslosengeld gegen den insoweit *jedenfalls* einschlägigen Art. 14 I 1 GG verstößt, wird § 116 AFG vom Bundesverfassungsgericht mit Gesetzes-

---

[63] Zusammenfassend insoweit BVerfGE 50, 290 (369, 376 f.).

[64] Einzelheiten dazu bei *Seiter*, Die Rechtsprechung des Bundesverfassungsgerichts zu Art. 9 III GG, AöR 109. Bd. (1984), S. 88 (126 ff.)

[65] s. *Seiter*, aaO; das gilt vor allem für die Entscheidungen zur Tariffähigkeit von Arbeitnehmerkoalitionen, s. zuletzt BVerfGE 58, 233 (249 ff.)

[66] s. den ausdrücklichen Hinweis in BVerfGE 72, 9 (18).

[67] Exemplarisch einerseits *Benda*, Sozialrechtliche Eigentumspositionen im Arbeitskampf, 1986, S. 87 ff., andererseits *Ossenbühl/Richardi*, Neutralität im Arbeitskampf, 1987, S. 163 ff.

kraft für nichtig erklärt (§ 31 II BVerfGG). Damit entfällt die Norm, auf welche § 70 AFG für das Kug verweist. § 70 AFG stößt ins Leere. *Automatisch* fehlt *auch* eine Norm über das Ruhen des Anspruchs auf *Kug* im mittelbar arbeitskampfbetroffenen Tarifgebiet.

II. Bestimmtheitsgrundsatz und Vorbehalt des Gesetzes (Gewaltenteilung bei Eingriffen in Art. 14 I und Art. 9 III GG)

1. Entwicklung und heutiger Stand der Rechtsprechung des Bundesverfassungsgerichts

a) In ständiger Rechtsprechung sieht das Bundesverfassungsgericht den Bestimmtheitsgrundsatz als Ausdruck des Rechtsstaatsprinzips.[68] Das Rechtsstaatsprinzip ist eine allgemeine Kategorie auf hoher Abstraktionsstufe. In BVerfGE 8, 274 (325) hat das Bundesverfassungsgericht konkretisiert, in *welcher* Beziehung das Bestimmtheitsgebot mit dem Rechtsstaatsprinzip zusammenhängt, welche konkreten Einzelelemente des übergeordneten Prinzips einschlägig sind. Hier werden genannt der „Grundsatz der Gesetzmäßigkeit der Verwaltung" und das „Prinzip der Gewaltenteilung". Der „Grundsatz der Gesetzmäßigkeit der Verwaltung" steht in dieser Entscheidung (anders als in späteren Entscheidungen) im Zusammenhang mit der Rechtssicherheit; die Eingriffe müssen „meßbar und im gewissen Umfang für den Staatsbürger voraussehbar und berechenbar werden". Dieser Ansatz gehört in den Kontext nachfolgend III. In den weiteren Entscheidungen des Bundesverfassungsgerichts ist *dieser* Ansatz *nicht* weiter entfaltet worden. Die späteren Entscheidungen bauen auf dem „Prinzip der Gewaltenteilung" auf. Soweit es um Grundrechtseingriffe geht, findet das Prinzip der Gewaltenteilung zwischen Legislative und Exekutive im „Vorbehalt des Gesetzes" (gemeint als Vorbehalt des Parlamentsgesetzes) seinen spezifischen Ausdruck. Der „Gesetzesvorbehalt", welchem viele Grundrechte unterstehen, gestattet zwar Grundrechtseingriffe, aber nur — gewaltengeteilt — „durch Gesetz oder auf Grund eines Gesetzes". Demgemäß wird der Bestimmtheitsgrundsatz in späteren Entscheidungen des Bundesverfassungsgerichts aus dem den Grundrechten beigegebenen Gesetzesvorbehalt und damit aus dem „Vorbehalt des Gesetzes" hergeleitet.[69] Vor allem in älteren Entscheidungen des Bundesverfassungsgerichts[70] wird der Grundsatz der Gesetzmäßigkeit der Verwaltung mit *anderem* als dem soeben im

---

[68] s. z. B. BVerfGE 8, 274 (325); 21, 73 (79); 21, 209 (215); 45, 400 (420); 48, 210 (221); 49, 168 (181); 64, 261 (280); 65, 1 (44); 66, 337 (355); 78, 214 (226).

[69] So etwa BVerfGE 41, 251 (266); 48, 210 (221 f.); 49, 89 (129); 56, 1 (13).

[70] s. etwa BVerfGE 40, 237 (248 f.).

Anschluß an BVerfGE 8, 274 skizzierten Begriffsinhalt auch synonym mit dem Vorbehalt des Gesetzes herangezogen. In *diesem* Sinne hatte etwa schon BVerfGE 21, 73 (79) den „Grundsatz der Gesetzmäßigkeit der Verwaltung" auf der „Gewaltenteilungsschiene" für den Bestimmtheitsgrundsatz fruchtbar gemacht.

b) Mit seinem Ansatz beim „Vorbehalt des Gesetzes" verbietet der Bestimmtheitsgrundsatz *nicht*, daß der Gesetzgeber sich unbestimmter Gesetzesbegriffe bedient; unbestimmte Gesetzesbegriffe sind grundsätzlich zulässig.[71] Die Auslegungsbedürftigkeit nimmt einer Regelung nicht die rechtsstaatlich gebotene Bestimmtheit.[72] „Die Ausfüllung unbestimmter Gesetzesbegriffe auf Grund richtungsweisender — aus dem Gesetz sich ergebender — Gesichtspunkte ist eine herkömmliche und anerkannte Aufgabe der Rechtsanwendungsorgane".[73] Es reicht aus, wenn sich Zweck und Inhalt des unbestimmten Gesetzesbegriffes mit Hilfe anerkannter Auslegungsregeln hinreichend sicher erkennen lassen.[74] Dabei liegt es grundsätzlich auch im Ermessen des Gesetzgebers, ob er sich „bei der Festlegung eines gesetzlichen Tatbestandes eines Begriffs bedient, der einen Kreis von Sachverhalten deckt, oder eng umschriebene Tatbestandsmerkmale aufstellt".[75] Der Gesetzgeber verfügt also über einen „Gestaltungsspielraum", „ob er in einer Vorschrift unbestimmte Gesetzesbegriffe verwendet oder sie ins einzelne gehend faßt".[76]

Dieser Gestaltungsspielraum kann sich aber verengen, wenn Grundrechte betroffen sind. Jetzt ist auf die Intensität der Auswirkungen der Regelung für den Grundrechtsträger Bedacht zu nehmen. „Je schwerwiegender die Auswirkungen sind, desto höhere Anforderungen werden an die Bestimmtheit der Ermächtigung zu stellen sein." Der Vorbehalt des Gesetzes fordert, „daß der Gesetzgeber die entscheidenden Grundlagen des zu regelnden Rechtsbereichs, die den Freiheits- und Gleichheitsbereich des Bürgers wesentlich betreffen, selbst festlegt und dies nicht dem Handeln der Verwaltung überläßt".[77]

---

[71] BVerfGE 3, 225 (243); 13, 153 (161); 21, 73 (79); 56, 1 (12 f.); 78, 214 (226).

[72] BVerfGE 63, 312 (324); 21, 209 (215); 21, 245 (261).

[73] BVerfGE 21, 72 (82).

[74] BVerfGE 21, 73 (80); 63, 312 (324).

[75] BVerfGE 21, 73 (79).

[76] BVerfGE 49, 89 (136 f.).

[77] s. BVerfGE 56, 1 (13); ähnlich BVerfGE 48, 210 (222). Daß BVerfGE 49, 89 (137), diese Einschränkung der Gestaltungsfreiheit nicht nennt, sondern alleine den Gestaltungsspielraum als solchen herausarbeitet, dürfte seinen Grund in der Ambivalenz haben, welche eine weitere Konkretisierung des unbestimmten Gesetzesbegriffs im zu entscheidenden Fall (Atomrecht) für den Grundrechtsträger haben würde; in der gleichen Entscheidung auf S. 133 wird die Regelungsintensität aber als relevanter Gesichtspunkt erwähnt.

c) Allerdings verlangt der gewaltenteilende Vorbehalt des Gesetzes selbst bei intensiver Grundrechtsbetroffenheit im Hinblick auf die Bestimmtheit nichts Unmögliches. Der Gesetzgeber ist auch jetzt nur „gehalten, seine Regelungen so bestimmt zu fassen, wie dies nach der Eigenart der zu ordnenden Lebenssachverhalte und mit Rücksicht auf den Normzweck möglich ist".[78] Ist etwa eine erschöpfende Aufzählung relevanter Gesichtspunkte nicht möglich, ohne den Normzweck zu verändern,[79] oder entstehen durch sie neue Schwierigkeiten,[80] kann sie unterbleiben. Bei einem „dynamischen Geschehen" können an das Maß der Bestimmtheit der Norm nicht so hohe Anforderungen gestellt werden „wie bei statischen Sachverhalten, die abgeschlossen in der Vergangenheit liegen".[81]

Ist eine nähere Konkretisierung durch den Gesetzgeber selbst nicht möglich, fordert der Vorbehalt des Gesetzes nicht, daß die Regelung unterbleibt. Dem hinter dem Vorbehalt des Gesetzes stehenden Gedanken der Gewaltenteilung wird vielmehr durch die Einschaltung der Rechtsprechung Genüge getan. Die Exekutive hat jetzt zwar den Vortritt, den unbestimmten Gesetzesbegriff zu konkretisieren. Der rechtsstaatliche Schutz des Bürgers gebietet aber, daß anstelle der ersten Gewalt nunmehr die dritte Gewalt (Rechtsprechung) die Entscheidung der Exekutive jedenfalls ex post *kontrolliert* und eventuell *korrigiert*.[82] Daher ist wichtig „in jedem Falle die Bereitstellung eines rechtsstaatlichen Verfahrens, im besonderen der Rechtsschutz durch die Gerichte; Verfahren und gerichtliche Kontrolle erscheinen geeignet, mögliche Nachteile der Unbestimmtheit bis zu einem gewissen Grade auszugleichen".[83]

2. § 116 III 1 Nr. 2 AFG als Verstoß gegen den Bestimmtheitsgrundsatz (Vorbehalt des Gesetzes)

a) Wie intensiv sich eine gesetzliche Regelung auf ein Grundrecht auswirkt und wie bestimmt sie daher wegen des freiheitssichernden Grundsatzes der Gewaltenteilung sein muß, beurteilt das Bundesverfassungsgericht in ständiger Rechtsprechung nach seiner „Wesentlichkeitstheorie".[84] Diese

---

[78] BVerfGE 49, 168 (181).

[79] BVerfGE 49, 168 (182); 56, 1 (13); 66, 337 (355).

[80] BVerfGE 49, 168 (182).

[81] BVerfGE 64, 261 (280).

[82] *Schwerdtfeger*, Arbeitslosenversicherung und Arbeitskampf, S. 89 f.

[83] So BVerfGE 49, 168 (181); s. ferner BVerfGE 33, 303 (341), 41, 251 (265); 66, 337 (356).

[84] Zusammenfassend zu ihr BVerfGE 47, 46 (78 f.) — Sexualkunde; s. ferner etwa BVerfGE 49, 89 (129); 58, 257 (274, 278).

Theorie stellt insbesondere darauf ab, wie wesentlich eine gesetzliche Regelung „für die *Verwirklichung* der Grundrechte" ist.[85] Dabei ist „wesentlich" ein heuristischer Begriff.[86]

Eine Regelung zum Ruhen des Anspruchs auf Arbeitslosengeld/Kug in mittelbar arbeitskampfbetroffenen Tarifgebieten ist sowohl für die Verwirklichung der Grundrechte der Versicherten als auch für die Verwirklichung der Tarifautonomie *beider* Sozialpartner als wesentlich anzusehen.

aa) Für die Versicherten ist nach dem Gesagten[87] jedenfalls der Anspruch auf Arbeitslosengeld dem Schutzbereich des Art. 14 I 1 GG zuzurechnen. Mit der gesetzlichen Anordnung, daß der Anspruch auf Arbeitslosengeld ruhe, werden die betroffenen Versicherten auf die Sozialhilfe verwiesen. Vor allem bei einem längerdauernden Arbeitskampf werden sie so auf das Existenzminimum zurückgedrängt. Denn der Ansatz des Sozialhilferechts geht dahin, nur dieses Minimum zu gewährleisten. Ersparnisse, welche eine darüberliegende Existenzgrundlage absichern könnten, sind häufig nicht vorhanden. Abzahlungsverpflichtungen können zusätzliche Schwierigkeiten bringen. So gesehen kann die Frage nach der Zahlung oder Nichtzahlung von Arbeitslosengeld für die mittelbar arbeitskampfbetroffenen Versicherten *existentielle* Bedeutung haben. Hat eine sozialrechtliche Regelung für die Betroffenen existentielle Bedeutung, stellt das Bundesverfassungsgericht an den gewaltenteilenden Vorbehalt des Gesetzes und damit *ausdrücklich* auch an die Bestimmtheit der Norm höchste Anforderungen.[88]

bb) Entsprechend wesentlich ist die Frage nach dem Ruhen des Anspruchs auf Arbeitslosengeld/Kug für die Koalitionsfreiheit *beider* Sozialpartner und damit für die Verwirklichung des Art. 9 III GG. Das wurde an früherer Stelle[89] schon im einzelnen dargestellt. Produktionsverflechtungen und der Abbau der Lagerhaltung durch einen computergesteuerten Produktionsverband lassen es als wahrscheinlich erscheinen, daß heute in der Metallindustrie sogar unabhängig von der konkreten Arbeitskampftaktik kein Arbeitskampf mehr möglich ist, ohne daß die Arbeitsmöglichkeiten in fachgleichen Tarifgebieten außerhalb des Kampfgebietes betroffen werden und also über die Ruhensvoraussetzungen des § 116 III 1 Nr. 2 AFG entschieden werden muß. Damit ist § 116 III 1 Nr. 2 AFG einer *der* Eckpfeiler für die

---

[85]   BVerfGE 47, 46 (79).

[86]   BVerfGE 47, 46 (79).

[87]   S. 70 f.

[88]   s. BVerfGE 56, 1 (13) im Zusammenhang mit Regelungen der Kriegsopferversorgung mit Auslandsberührungen. Daß der gewaltenteilende Vorbehalt des Gesetzes und damit die „Wesentlichkeitstheorie" nicht nur für *„Eingriffe* in Freiheit und Eigentum", sondern im existentiellen Bereich auch für staatliche *Leistungen* gelten, ist durch BVerfGE 40, 237 (249); 47, 46 (78 f.) anerkannt.

[89]   S. 34 f.

Bedingungen, unter denen in der Metallindustrie ein Arbeitskampf stattfindet. Eine derart zentrale Regelung zu den Arbeitskampfbedingungen ist notwendig *zentral* „wesentlich" auch für die Verwirklichung des Art. 9 III GG im Arbeitskampf. Entsprechend strikt sind die Anforderungen, welche nach der „Wesentlichkeitstheorie" des Bundesverfassungsgerichts auch Art. 9 III GG an die Bestimmtheit des § 116 III 1 Nr. 2 AFG stellt.

b) Wie dargestellt wurde,[90] hätte der Gesetzgeber ohne weiteres die Möglichkeit gehabt, *jedenfalls* das Problem *„Gleichheit der Forderungen"* *normativ* klarer zu regeln, als er es getan hat.

Weil Regelungen zum Ruhen des Anspruchs auf Arbeitslosengeld/Kug im mittelbar arbeitskampfbetroffenen Tarifgebiet für die Verwirklichung der abgehandelten Grundrechte in der beschriebenen Weise besonders „wesentlich" sind, hätte der Gesetzgeber die ihm zur Verfügung stehenden Möglichkeiten der Konkretisierung nutzen *müssen*; in seinem Unterlassen liegt vor dem Hintergrund des durch Gewaltenteilung freiheitssichernden „Vorbehalts des Gesetzes" ein Verstoß gegen den Bestimmtheitsgrundsatz. Daß der Gesetzgeber nur gehalten ist, „seine Regelungen so bestimmt zu fassen, wie dies nach der Eigenart der zu ordnenden Lebenssachverhalte und mit Rücksicht auf den Normzweck möglich ist",[91] hat insoweit keine Bedeutung. Denn die genannten Konkretisierungen *waren* ihm möglich, *ohne* den Normzweck zu gefährden. Deshalb hätte der Gesetzgeber konkretisieren *müssen*.[92]

Anderes gilt an sich für die Bereiche, in welchen § 116 III 1 Nr. 2 AFG nicht mehr weiter konkretisierbar wäre. Anderes gilt auch für die Unsicherheiten, welche notwendig dadurch entstehen, daß die erforderlichen Diagnosen und Prognosen nur intuitiv möglich sind. *Insoweit* wären Unklarheiten und Unsicherheiten nach den skizzierten Grundsätzen also (*an sich*) in Kauf zu nehmen. Nach dem Gesagten[93] gilt auch das aber nur, wenn das gewaltenteilende Korrektiv über die Rechtsprechung erfolgen kann. Wie sich im vierten Teil der Arbeit zeigen wird,[94] fehlt für den kämpfenden Arbeitgeberverband dieses Korrektiv. Durch § 116 VI 1 AFG ist ihm der Rechtsweg gegen die Entscheidung des Neutralitätsausschusses genommen. Das verstößt nicht nur gegen Art. 19 IV GG (s. dazu im einzelnen später), sondern verbaut dem Gesetzgeber gleichzeitig auch die an sich bestehenden Möglichkeiten, *unvermeidliche* Unbestimmtheiten und Unsicherheiten vor dem Hintergrund des Vorbehalts des Gesetzes in Kauf zu nehmen. Weil für den kämpfenden Arbeitgeberverband die Rechtsschutzmöglichkeit defizitär ist, sind die Un-

---

[90] S. 53 f.
[91] BVerfGE 49, 168 (181) — s. soeben.
[92] Entsprechend BVerfGE 80, 257 (265 f.).
[93] S. 73.
[94] S. 111 ff.

bestimmtheiten des § 116 III 1 Nr. 2 AFG und die mit seiner Anwendung verbundenen Unsicherheiten vor dem freiheitssichernden Grundsatz der Gewaltenteilung (Vorbehalt des Gesetzes) *insgesamt* verfassungswidrig.

III. Bestimmtheitsgrundsatz und vorausschauende Berechenbarkeit (Rechtssicherheit als Gebot des Art. 9 III GG)

1. Dogmatischer Ansatz

Hinter den bisherigen Ausführungen (soeben II.) stand die freiheits*sichernde Gewaltenteilung* als *ein* Element des Rechtsstaatsprinzips. Jetzt geht es um ein *anderes* Element, die *Rechtssicherheit.* Denn „Bestimmtheitsanforderungen sollen auch zur Gewährleistung von Rechtssicherheit beitragen".[95]

Nach einer Formulierung in BVerfGE 8, 274 (325), welche auch in anderen Entscheidungen des Bundesverfassungsgerichts wiederkehrt (s. anschließend), dient der Bestimmtheitsgrundsatz insoweit dazu, „daß die Eingriffe meßbar und in gewissem Umfang für den Staatsbürger voraussehbar und berechenbar werden". Die in BVerfGE 8, 274 (325) dafür gegebene Begründung hat für den Problemzusammenhang des § 116 III 1 Nr. 2 AFG allerdings keine Relevanz, welche zu eigenständigen Ergebnissen führen könnte. Das Bundesverfassungsgericht zieht den „Grundsatz der Gesetzmäßigkeit der Verwaltung" heran. *Dieser* Grundsatz führt (nur) in dem Sinne zur Rechtssicherheit, daß die Entscheidung der Exekutive nicht der Willkür des Augenblicks unterworfen ist, sondern durch generell-abstrakte Normen gesteuert wird. Mit (nur) diesem Ansatz ergeben sich von der Rechtssicherheit her keine Anforderungen an die Bestimmtheit einer Norm, welche von den unter II. skizzierten Anforderungen *prinzipiel* abweichen könnten.

Die Richtung, welche die nachfolgenden Ausführungen verfolgen, wird aber in BVerfGE 21, 73 (79)[96] angesprochen. Eine Rechtsvorschrift „muß in ihren Voraussetzungen und in ihrem Inhalt so formuliert sein, daß die von ihr Betroffenen die Rechtslage erkennen und *ihr Verhalten danach einrichten können".* Wer disponieren will, muß in der Rechtsordnung eine sichere Dispositions*grundlage* haben. Das Bundesverfassungsgericht selbst hat bisher keine Veranlassung gehabt, diesen Ansatz zu vertiefen; soweit ersichtlich, war er in keiner Entscheidung entscheidungserheblich. Bei näherer Betrachtung wird deutlich, daß sich der Bestimmtheitsgrundsatz auch im gegenwärtigen Kontext nicht aus dem *allgemeinen* Rechtsstaatsprinzip, sondern aus den *Grundrechten* ergibt. Durch das Grundrecht, welches nach dem Sachver-

---

[95]   BVerfGE 49, 89 (137).
[96]   s. ferner BVerfGE 63, 312 (323).

halt jeweils einschlägig ist, wird auch die Dispositionsfreiheit garantiert. Unsicherheiten in der Gesetzesauslegung und Gesetzesanwendung, welche die Dispositionsmöglichkeiten behindern, greifen in die Dispositionsfreiheit und damit in das Grundrecht selbst ein. Dabei liegt in der Unsicherheit ein *eigenständiger* Grundrechtseingriff. Ob er zulässig ist, beurteilt sich nach den herkömmlichen Grundsätzen der Grundrechtsprüfung.[97]

2. Die Unbestimmtheit des § 116 III 1 Nr. 2 AFG als Eingriff in den Schutzbereich des Art. 9 III GG

Wegen der skizzierten Unsicherheiten in der Auslegung *und in der Subsumtion* beeinträchtigt § 116 III 1 Nr. 2 AFG die Dispositionsmöglichkeiten der Koalitionen in den Tarifverhandlungen. Für die Gewerkschaft und für den Arbeitgeberverband ist schon im Zeitpunkt der Tarif*verhandlungen* Klarheit erforderlich, ob im Falle eines Arbeitskampfes § 116 III 1 Nr. 2 AFG Anwendung finden würde oder nicht. Die Gewerkschaft benötigt diese Klarheit, um in der Abwägung mit den Möglichkeiten und Kosten eines Arbeitskampfes entscheiden zu können, ob sie auf die Angebote der Arbeitgeberseite eingeht oder ob sie die Tarifverhandlung mit dem Ziel eines Streiks für gescheitert erklären sollte. Die Arbeitgeberseite benötigt die Klarheit, wenn die Gewerkschaft im Zeitpunkt der Tarifverhandlungen mit einem Streik droht. Denn wie ernst der Arbeitgeberverband diese Drohung zu nehmen hat, hängt mit davon ab, ob im Falle eines Arbeitskampfes an die mittelbar arbeitskampfbetroffenen Arbeitnehmer Kug gezahlt werden würde oder nicht. Die Dispositionsmöglichkeit während der Tarifverhandlung gehört zur Koalitionsfreiheit. Damit greifen die skizzierten Unsicherheiten in der Auslegung und Subsumtion in Art. 9 III GG ein.

Das gilt unabhängig von der Frage, ob der Gesetzgeber den Anspruch auf Kug im mittelbar arbeitskampfbetroffenen fachgleichen Tarifgebiet *generell* hätte ruhen lassen oder *generell* hätte zusprechen können, *ohne* materiellrechtlich gegen Art. 9 III GG zu verstoßen. Selbst wenn man das annehmen würde, entfällt der Grundrechtseingriff nicht, wenn der Gesetzgeber mit der Stellvertreterlehre hinter dem — aus der Sicht der einen oder anderen Seite — intensiveren Eingriff in Art. 9 III GG zurückgeblieben ist. *Entscheidend* sind eben die bestehenden Unsicherheiten in der Auslegung und in der Anwendung des § 116 III 1 Nr. 2 AFG. Art. 9 III GG verlangt, daß die Tarifvertragsparteien unter den (so oder anders) *bestehenden* Kampfbedingungen *voll* müssen disponieren können.

---

[97] Zusammenfassend zu ihnen *Schwerdtfeger*, Öffentliches Recht in der Fallbearbeitung, 8. Aufl. 1986, Rn. 546 ff.; andeutungsweise s. auch nachfolgend S. 79).

3. Die Unbestimmtheit des § 116 III 1 Nr. 2 AFG als verfassungswidriger Eingriff in den Kernbereich des Art. 9 III GG

Wird ein Grundrecht in seinem Schutzbereich betroffen, ist das eingreifende Gesetz nicht automatisch verfassungswidrig. Die Beeinträchtigung kann über einen Gesetzesvorbehalt oder auch in anderer Weise verfassungsrechtlich legitimiert sein.

a) Nach der Rechtsprechung des Bundesverfassungsgerichts ist der Gesetzgeber im Prinzip befugt, den Schutzbereich des Art. 9 III GG rechtlich zu regeln oder Regelungen zu treffen, welche mittelbare Auswirkungen auf die Koalitionsfreiheit haben.[98]

Die Regelungsmöglichkeit besteht einerseits „in der Schaffung der Rechtsinstitute und Normenkomplexe, die erforderlich sind, um die grundrechtlich garantierten Freiheiten ausüben zu können". Hier wird der Gesetzgeber gleichsam als Freund des Grundrechts tätig; es geht nicht eigentlich um Grundrechts*beeinträchtigungen*.[99]

Aber andererseits sind auch („echte") Grundrechtseingriffe möglich. Denn „die Bedeutung und Vielzahl der von der Tätigkeit der Koalitionen berührten Belange namentlich im Bereich der Wirtschafts- und Sozialordnung machen ... vielfältige gesetzliche Regelungen notwendig, die der Koalitionsfreiheit auch Schranken ziehen können".[100] Derartige Schranken können der Koalitionsfreiheit gezogen werden, wenn „die soziale Schutzbedürftigkeit einzelner Arbeitnehmer oder Arbeitnehmergruppen oder ein sonstiges öffentliches Interesse ein Eingreifen des Staates erforderlich macht".[101] Dabei reicht es aus, wenn der Gesetzgeber Ziele verfolgt, welche er selbst „gekoren" hat.[102] Daß der Gesetzgeber Verfassungsrecht vollzieht, ist nicht erforderlich.[103]

Also ist es dem Gesetzgeber im Prinzip möglich, sich der sozialen Belange der mittelbar arbeitskampfbetroffenen Arbeitnehmer anzunehmen und arbeitskampfbedingten Lohnverlust in das Leistungssystem der Bundesanstalt für Arbeit einzubeziehen, *selbst wenn* dadurch (generell-abstrakt) die Ge-

---

[98] Beispiel für die zweite Fallgestaltung ist das MitbestimmungsG, BVerfGE 50, 290 (366 ff.).

[99] Grundlegend insoweit *Lerche,* Verfassungsrechtliche Zentralfragen des Arbeitskampfes, 1968, S. 37 ff.

[100] So zu allem BVerfGE 50, 290 (368); 57, 220 (246); 58, 233 (246).

[101] BVerfGE 44, 322 (342); vom Entscheidungsgegenstand her in der Sache ebenso BVerfGE 19, 303 (321 f.); 28, 295 (306); 50, 290 (366 ff.).

[102] So lag es bei allen gesetzgeberischen Zielen in den zitierten Entscheidungen des BVerfG.

[103] Das gegen *Seiter,* Staatliche Neutralität im Arbeitskampf, der für die Legitimation des § 116-Gesetzgebers entscheidend auf die Auslegung des Sozialstaatsprinzips abstellt (S. 45 ff.).

wichte im Arbeitskampf verschoben werden.[104] Ebenso ist es dem Gesetzgeber in der Ausgangsproblematik nicht *von vornherein* verwehrt, auf Kosten der Dispositionsfreiheit Unsicherheiten in der Auslegung und Anwendung des § 116 III 1 Nr. 2 AFG in Kauf zu nehmen, wenn sich seine politischen Zielvorstellungen zur „richtigen" Abgrenzung zwischen den Belangen der mittelbar arbeitskampfbetroffenen Arbeitnehmer und Gleichgewichtsüberlegungen nur so verwirklichen lassen.

b) Sobald der Gesetzgeber der Koalitionsfreiheit „Schranken zieht", ist er vom Grundrecht her aber seinerseits Schranken unterworfen. Denn gem. Art. 1 III GG binden die Grundrechte auch den Gesetzgeber.

Wenn es gilt, diese „Schranken-Schranken" für Art. 9 III GG zu bestimmen, geht das Bundesverfassungsgericht einen anderen Weg als bei anderen Grundrechten. Bei den anderen Grundrechten bestimmt das Bundesverfassungsgericht die Grenzen von Grundrechtseingriffen über seine „Wechselwirkungslehre". Es findet eine Wechselwirkung in dem Sinne statt, daß das Grundrecht zwar durch Gesetz eingeschränkt werden darf, dieses Gesetz aber seinerseits die wertsetzende Bedeutung des Grundrechts berücksichtigen muß. Deshalb[105] muß der Grundrechtseingriff erstens *geeignet* sein, um das Ziel zu fördern, welches der Gesetzgeber verfolgt. Zweitens darf es kein *mil eres* Mittel geben, mit welchem das gesetzgeberische Ziel gleich wirksam erreicht werden könnte. Drittens muß „bei einer Gesamtabwägung zwischen der Schwere des Eingriffs und dem Gewicht und der Dringlichkeit der ihn rechtfertigenden Gründe die Grenze der Zumutbarkeit noch gewahrt sein" (= Proportionalität, Verhältnismäßigkeit im *engeren* Sinne).[106]

Die Wesensgehaltsgarantie des Art. 19 II GG tritt demgegenüber zurück. In der Literatur ist ohnehin umstritten, ob die Wesensgehaltsgarantie bereits in der Wechselwirkungslehre des Bundesverfassungsgerichts ihren abschließenden Ausdruck findet oder ob sie jenseits der Wechselwirkungslehre noch eine letzte, absolute Grenze für Grundrechtseingriffe setzt.[107] Das Bundesverfassungsgericht selbst hat die Wesensgehaltsgarantie im Sinne einer absoluten Sperre nur vereinzelt fruchtbar gemacht.[108]

---

[104] Das gegen alle Literaturstimmen, welche in Art. 9 III GG eine absolute Sperre gegen gewichtsverschiebende Leistungen der Bundesanstalt für Arbeit im Arbeitskampf sehen; s. etwa *Seiter,* Staatliche Neutralität im Arbeitskampf, S. 44 ff., auch wohl *Ossenbühl/Richardi,* Neutralität im Arbeitskampf, S. 131. „Gewichtsverlagerungen" toleriert BVerfGE 50, 290 (376) auch *ausdrücklich.*

[105] BVerfGE 67, 157 (172 f.).

[106] BVerfGE 30, 292 (316); 61, 291 (312); 68, 155 (171); 68, 272 (282). Ausführlich zu allem *Schwerdtfeger,* Öffentliches Recht in der Fallbearbeitung, 8. Aufl. 1986, Rn. 546 ff.

[107] s. den Überblick bei *Schwerdtfeger,* Öffentliches Recht in der Fallbearbeitung, Rdnrn. 569 ff.

[108] s. etwa BVerfGE 34, 248; 68, 82 (113).

Bei Art. 9 III GG ist die Überprüfungspraxis des Bundesverfassungsgerichts anders angelegt. Entscheidend ist, ob Art. 9 III GG in seinem „*Kernbereich*" verletzt ist.[109] Dieser Kernbereich ist für das Bundesverfassungsgericht eine *absolute* Sperre, welche der Gesetzgeber *nie* überwinden kann.[110] Daher mag man die Kernbereichslehre als Ausdruck der Wesensgehaltsgarantie des Art. 19 II GG im Sinne eines absoluten Wesenskerns deuten können.

Die „Wechselwirkungslehre" wendet das Bundesverfassungsgericht hingegen nicht an. Es betont lediglich, „dem Betätigungsrecht der Koalitionen" dürften „nur solche Schranken gezogen werden, die zum Schutz anderer Rechtsgüter von der Sache her geboten sind".[111] Eine Durchsicht der einschlägigen Entscheidungen zeigt, daß es insoweit nur um die *Eignung* des ergriffenen Mittels zur Verfolgung des vom Gesetzgeber angestrebten Zweckes geht. Abwägende Ausführungen zur Schwere des Eingriffs in Art. 9 III GG und zum Gewicht der ihn rechtfertigenden Gründe (Proportionalität) fehlen hingegen.[112]

Daß das Bundesverfassungsgericht dem Gesetzgeber bei Art. 9 III GG einen anderen Spielraum läßt als bei den anderen Grundrechten, findet seine Erklärung in den Besonderheiten der Koalitionsfreiheit, besonders in der beschriebenen[113] zweiten und dritten Schicht der Gewährleistung. Der Gegenstand der Gewährleistung „ist auf sich wandelnde wirtschaftliche und soziale Bedingungen bezogen, die *mehr* als bei anderen Freiheitsrechten die Möglichkeit zu Modifikationen und Fortentwicklung lassen müssen".[114] Hinzu mag kommen, daß die Koalitionsfreiheit (in ihrer zweiten und dritten Schicht) nur „in *erster* Linie ein Freiheitsrecht" ist.[115] Daneben hat Art. 9 III GG auch (objektivrechtliche) ordnungspolitische Ansätze. Er dient einer „sinnvollen Ordnung des Arbeitslebens".[116]

---

[109]   BVerfGE 19, 303 (321 f.); 28, 295 (304); 38, 281 (305); 38, 368 (393); 50, 290 (368).

[110]   Auf diesem Ansatz basieren insbesondere auch die Untersuchungen des Mitbestimmungsurteils zu Art. 9 III GG, BVerfGE 50, 290 (369 ff.).

[111]   BVerfGE 50, 290 (369); 57, 220 (246); 58, 233 (247 f.).

[112]   Diese Proportionalität ist auch wohl *nicht* gemeint, wenn BVerfGE 58, 232 (249) formuliert: „Allerdings dürfen keine Anforderungen an die Tariffähigkeit gestellt werden, die erheblich auf die Bildung und Betätigung einer Koalition zurückwirken, diese unverhältnismäßig einschränken und so zur Aushöhlung der durch Art. 9 III GG gesicherten freien Koalitionsbildung und -betätigung führen". Sonst geht es hier — anders als bei der Arbeitskampffreiheit — alleine um die erste Schicht der Gewährleistung, das *Freiheitsrecht* zur Koalitions*bildung*.

[113]   S. 69 f.

[114]   So BVerfGE 50, 290 (368).

[115]   BVerfGE 50, 290 (367).

c) *Was* den Kernbereich des Art. 9 III GG im *einzelnen* ausmacht, bestimmt das Bundesverfassungsgericht, indem es Einzelelemente isoliert, welche für die Funktionsfähigkeit der Tarifautonomie wesentlich sind.[117] Nach dieser Methode rechnet das Bundesverfassungsgericht beispielsweise die gegenseitige Unabhängigkeit der Tarifpartner zum Kernbereich des Art. 9 III GG.[118]

Im vorliegenden Problemzusammenhang geht es um die Mächtigkeit der Tarifvertragspartner in der konkreten Tarifverhandlung. Die Tarifautonomie setzt darauf, daß eine „sinnvolle Ordnung des Arbeitslebens", welcher die Koalitionsfreiheit dient,[119] in der Tarifverhandlung unter den *Druck von Macht und Gegenmacht* herbeigeführt wird. Als Basisanforderung verlangt die Tarifautonomie insoweit erstens, daß Koalitionen vorhanden sind, welche „Durchsetzungsfähigkeit gegenüber dem sozialen Gegenspieler" haben, „vom Gegner ernst genommen werden" und nicht seinem „Diktat" unterworfen sind, von ihrer „Verbandsmacht" her „eindrucksvolle" Tarifverhandlungen führen können.[120] Zweitens: Mit dem Zugestehen von Tarifautonomie *rechnet* Art. 9 III GG damit, daß sich die Koalitionen im Zusammenhang mit Tarifverhandlungen gegenüber den wirtschaftlichen Möglichkeiten und gegenüber dem Gemeinwohl „vernünftig" verhalten, nicht auf wirtschaftlich unvertretbaren Forderungen beharren (Gewerkschaften) oder wirtschaftlich durchaus vertretbare Forderungen gänzlich zurückweisen (Arbeitgeberverbände).[121] Aber über das in der konkreten Situation „Machbare" und „Verantwortbare" bestehen in der Tarifverhandlung typischerweise erhebliche Meinungsverschiedenheiten; jede Seite versucht, ihre Sicht möglichst „auszureizen". Das ist in der Tarifautonomie so angelegt. Die Tarifautonomie setzt darauf, daß — drittens — *insoweit* der Ausgleich über die *Mächtigkeit* der Tarifvertragsparteien in der konkreten *Einzelsituation* herbeigeführt wird, „wobei dann die unterschiedliche Stärke ins Gewicht fällt".[122] Dabei geht es *primär* um den Machtausgleich in der Tarifverhandlung selbst, nicht um den Arbeitskampf. Aber die Möglichkeiten zum

---

[116] Dazu etwa BVerfGE 4, 96 (108); 20, 312 (317 f.).

[117] Deutlich so BVerfGE 50, 290 (369 f.).

[118] BVerfGE 50, 290 (373).

[119] BVerfGE 4, 96 (107); 58, 233 (247).

[120] Formulierungen aus BVerfGE 58, 233 (249 ff.). Daß diese Anforderungen von *jeder* Koalition erfüllt werden *müßten*, welcher (einfachgesetzlich) die „Tariffähigkeit" zugestanden wird, ist damit nicht gesagt. Es geht alleine darum, daß *überhaupt* derartige Koalitionen vorhanden sind.

[121] Daß die Koalitionen dem Gemeinwohl in sanktionierbarer (!) Weise *verpflichtet* wären, ist damit nicht gesagt; zu diesem Problem zusammenfassend *Ossenbühl/ Richardi*, Neutralität im Arbeitskampf, S. 120 ff.

[122] Formulierung in BVerfGE 58, 233 (249).

Arbeitskampf sind wesentlich, damit die Verhandlungspartner ihre eigene Potenz und die Potenz der Gegenseite in der Tarifverhandlung „richtig" einschätzen können. Daß der Ausgleich (schon) in der Tarifverhandlung *machtabhängig* durchgeführt werden kann, ist notwendig wesentliches Element der Tarifautonomie und damit ein Gesichtspunkt, welcher zum Kernbereich der Koalitionsfreiheit gehört. Der Ausgleich über die jeweilige Mächtigkeit der Tarifvertragsparteien in der Tarifverhandlung ist blockiert, wenn die Tarifvertragsparteien ihre jeweilige Potenz selbst nicht hinreichend einschätzen können. Kommt es zu einem Tarifabschluß, ist dieser nicht maßgeblich von der jeweiligen Mächtigkeit der Tarifvertragsparteien her gesteuert. Damit entfält ein wesentliches Element der Tarifautonomie, so wie es von Art. 9 III GG für eine „sinnvolle Ordnung des Arbeitslebens" vorgesehen ist. Die Koalitionsfreiheit wird in ihrem Kernbereich verletzt.

d) Es wurde schon dargestellt,[123] daß die Koalitionen während der Tarifverhandlungen in der Einschätzung ihrer eigenen Mächtigkeit und der Mächtigkeit der „Gegenseite" behindert sind, wenn unklar ist, ob im Falle eines Arbeitskampfes an mittelbar arbeitskampfbetroffene Arbeitnehmer fachgleicher Tarifgebiete Kug gezahlt werden würde oder nicht. Aber nicht jede (bloße) Beeinträchtigung eines Kernbereiches reicht aus, um den Kernbereich zu *verletzen*.[124] Ein Element des Kernbereichs ist erst verletzt, wenn es in seiner „Gesamtstruktur"[125] *prinzipiell* in Frage gestellt ist. Aber in der Ausgangsproblematik ist auch das der Fall. Wegen der Behinderungen der Tarifvertragspartner in der Einschätzung ihrer Potenz in den Tarifverhandlungen ist der Ausgleich über die jeweilige Mächtigkeit der Tarifvertragsparteien in der *Metallindustrie* weitgehend blockiert:

Wie ausgeführt wurde,[126] sind die Produktionsverflechtung und ihre EDV-gestützte Organisation ohne nennenswerte Lagerhaltung in der Metallindustrie weit fortgeschritten. Möglicherweise führt das dazu, daß jeder Arbeitskampf *automatisch* nach dem Minimax-Schema abläuft, auch wenn keine der Kampfparteien das Instrument eines überregionalen Schwerpunktarbeitskampfes *gezielt* einsetzt. Sonst *ermöglicht* die intensive Produktionsverflechtung den Arbeitskampfparteien aber *jedenfalls*, durch gezieltes Auswählen der zu bestreikenden Betriebe *oder* durch eine gezielte Auswahl aussperrender Betriebe einen Schwerpunktarbeitskampf zu führen. Das bedeutet, daß in der Tarifverhandlung jede Partei damit rechnen muß, im Falle eines Arbeitskampfes könnte jedenfalls die *andere* Seite durch Streik oder Aussperrung mittelbare Arbeitskampffolgen außerhalb des Arbeits-

---

[123] S. 77.
[124] So BVerfGE 50, 290 (374) für die „Gegnerunabhängigkeit".
[125] BVerfGE 50, 290 (373) für die „Gegnerunabhängigkeit".
[126] S. 34 f.

kampfgebietes herbeiführen. Damit wirken sich die bestehenden Unsicherheiten zur Zahlung oder Nichtzahlung von Kug an mittelbar arbeitskampfbetroffene Arbeitnehmer in nahezu jeder Tarifverhandlung im Metallbereich aus, wenn es dort gilt, die eigene Stärke und/oder die Stärke der Gegenseite in einem eventuellen Arbeitskampf einzuschätzen.

Ob Kug gezahlt würde oder nicht, hat *zentrale* Bedeutung für die Einschätzung der jeweiligen Mächtigkeiten in der Tarifverhandlung. Wird Kug gezahlt, ist der IG Metall der Arbeitskampf im Prinzip ohne weiters möglich. Wird kein Kug gezahlt, muß sie damit rechnen, daß diese Situation jedenfalls von Arbeitgeberseite über Schwerpunkt-Abwehraussperrungen genutzt würde. Unter dem Binnendruck ihrer mittelbar arbeitskampfbetroffenen Mitglieder sind der IG Metall die Möglichkeiten zum Arbeitskampf stark eingeschränkt, wenn nicht sogar genommen.

Die *Unsicherheiten* in der Zahlung oder Nichtzahlung von Kug bestehen nach dem Gesagten in so gut wie jedem Falle, in welchem Arbeitnehmer eines fachgleichen Tarifgebietes mittelbar arbeitskampfbetroffen sind. Daß *zur zentralen* Frage der Kampfstärke in *jeder* Tarifverhandlung in der Metallindustrie Unklarheit besteht, bewirkt, daß die Tarifvertragspartner in *keiner* Tarifverhandlung in der Metallindustrie ihre Mächtigkeit einschätzen können, wenn es gilt, die gegenteiligen Standpunkte zum Ausgleich zu bringen. Darin liegt für die Metallindustrie eine Blockade für den *mächtigkeitsabhängigen* Ausgleich in der Tarifverhandlung als Kernelement der Tarifautonomie.

e) *Anders* als beim „Vorbehalt des Gesetzes" spielt es im gegenwärtigen Kontext keine Rolle, daß der Gesetzgeber (abgesehen von einer Klarstellung zur Gleichheit der Forderungen) die Unsicherheiten in der Auslegung und in der Subsumtion nicht vermeiden *konnte*, wenn er die Zahlung von Kug nur bis zu den Grenzen zugestehen wollte, welche sich von der Stellvertreterlehre her ergeben. Beim (gewaltenteilenden) Vorbehalt des Gesetzes ging es nur darum, *welche* der Staatsgewalten (Legislative oder Exekutive) die maßgeblichen Entscheidungen im Grundrechtsbereich des Art. 9 III GG zu treffen hatte. Ob sie *überhaupt* getroffen werden konnte, war dort nicht zu untersuchen. Im gegenwärtigen Kontext geht es um einen *materiellen* Eingriff in den Kernbereich des Art. 9 III GG. Nach dem Gesagten sind dem Gesetzgeber „Kernbereichseingriffe" *absolut* unmöglich. *Jedes* gesetzgeberische Ziel hat zurückzustehen, wenn es sich ohne Eingriff in den Kernbereich des Art. 9 III GG nicht verwirklichen läßt. Diese Situation ist im gegenwärtigen Kontext gegeben, weil sich das Ziel des Gesetzgebers nicht verwirklichen läßt, ohne daß die skizzierten Unsicherheiten in der Auslegung und in der Subsumtion und damit der Eingriff in den Kernbereich des Art. 9 III GG vermieden werden könnten.

IV. Bestimmtheitsgrundsatz und Neutralitätspflicht
des Staates nach Art. 9 III GG

Bisher ging es um die Bedeutung des Art. 9 III GG für den Zeitpunkt der Tarif*verhandlung*. Nachfolgend wird auf den Zeitpunkt des *Arbeitskampfes* abgestellt.

1. Staatsneutralität nach Art. 9 III GG

Geht man davon aus, daß Art. 9 III GG auch den Arbeitskampf schützt,[127] gebietet Art. 9 III GG die Neutralität des Staates im Arbeitskampf.[128] Denn ohne Staatsneutralität sind die durch Art. 9 III GG garantierte Tarif*autono-mie*[129] und ihr Konnexinstitut, der Arbeitskampf, nicht denkbar.[130]

In BVerfGE 50, 290 (367)[131] heißt es: Element der Gewährleistung des Art. 9 III GG ist neben anderem auch das Recht der Koalitonen, „durch spezifisch koalitionsmäßige Betätigung die in Art. 9 III GG genannten Zwecke zu verfolgen. Hierzu gehört der Abschluß von Tarifverträgen, durch die die Koalitionen insbesondere Lohn- und sonstige materielle Arbeitsbedingungen in einem Bereich, in dem der Staat seine Regelungszuständigkeit weit zurückgenommen hat, in eigener Verantwortung und *im wesentlichen ohne staatliche Einflußnahme* regeln". Später erwähnt die gleiche Entscheidung[132] den „Gesichtspunkt der Freiheit der Koalitionsbetätigung von staatlichem Einfluß" und bezeichnet ihn als „entscheidendes Element der Koalitionsfreiheit". Verlängert man diese Aussagen in den Arbeitskampf hinein, ist damit zwar nicht ausdrücklch, aber in der Sache die Neutralität im Arbeitskampf angesprochen.[133]

---

[127] s. S. 70.

[128] In dieser Allgemeinheit der Aussage wohl einhellige Meinung, s. etwa *Schlaich*, Neutralität als verfassungsrechtliches Prinzip, 1972, S. 112 ff.; *Scholz*, in: Maunz/Dürig/Herzog/Scholz, GG, Art. 9 Rn. 283 ff.; *Kittner*, AK-GG, 1984, Art. 9 III Rn. 29, 66; *Kreuzer*, Die Neutralität der Bundesanstalt für Arbeit, 1975, S. 36 ff.; *Seiter*, Staatliche Neutralität im Arbeitskampf, 1985, S. 42 ff.; *Gagel*, AFG, vor § 116, Rn. 13 f.; *Isensee*, Schriftliche Stellungnahme zur Informationssitzung des Ausschusses für Arbeit und Sozialordnung, Stenographisches Protokoll (752-2450), S. 315 (323); *Schwerdtfeger*, dortselbst, S. 363; *Ossenbühl/Richardi*, Neutralität im Arbeitskampf, 1987, S. 107; BSGE 40, 190 (197) = NJW 1976, 689 (691).

[129] Zu ihr BVerfGE 44, 322 (340 f.); 50, 290 (367); 58, 233 (246).

[130] Ähnlich *Isensee*, aaO; *Seiter*, aaO, S. 45.

[131] Ähnlich auch in BVerfGE 44, 322 (340 f.); 58, 233 (246).

[132] AaO, S. 370.

[133] Ähnlich *Seiter*, aaO, S. 43.

Staatsneutralität bei Arbeitskämpfen ist *jedenfalls* zu verstehen als Verbot des Eingriffs in den *einzelnen* (*konkreten*) Arbeitskampf.[134] „Neutralität zeigt sich hier als Nicht-Einmischung zugunsten einer Partei".[135] In der Literatur wird diese Nicht-Einmischung herkömmlich als *„passive* Neutralität" bezeichnet. Ihr Gegensatz ist die „fördernde Neutralität", durch welche der Staat die Gewichte *verteilt*, um seine Vorstellungen von der gleichgewichtsmäßigen „richtigen" Verteilung der Gewichte durchzusetzen.[136]

Bezogen auf einen *konkreten*, gerade *stattfindenden* Arbeitskampf haben sich *alle* Staatsgewalten und die Organe aller öffentlichrechtlichen Körperschaften *passiv* neutral zu verhalten. *Praktisch* gesehen wirkt sich dieser Grundsatz allerdings nur für die exekutiven Organe und für die Rechtsprechung aus. Daß die Legislative (durch Einzelfallgesetz) in einen *konkreten*, laufenden Arbeitskampf eingreifen könnte, erscheint aus praktischen Gründen undenkbar. Die Legislative ist aber insoweit auf die passive Neutralität verpflichtet, als sie die Exekutive oder die Rechtsprechung nicht dazu *ermächtigen* darf, die Gewichte in einen konkreten Arbeitskampf ad hoc „förderlich neutral" zu verteilen. Derartige Ermächtigungen sind nach den nachfolgend darzustellenden Grundsätzen an Art. 9 III GG zu messen.

Auf einem *anderen* Blatt steht es, wenn der Gesetzgeber *generell-abstrakte* Regelungen zum Arbeitskampfrecht und/oder zu den Rahmenbedingungen des Arbeitskampfes trifft, welche die Gewichtsverteilung in Arbeitskämpfen *unmittelbar* von Gesetzes wegen beeinflussen, ohne daß die Exekutive die Gewichtsverteilung ad hoc zu steuern hat. *Insoweit* ist der Gesetzgeber nicht zur Passivität verurteilt. Er darf sich *aktiv* der Gewichtsverteilung annehmen und sich also „förderlich neutral" verhalten,[137] solange er nicht die „Kampf*parität*" beseitigt. Einzelheiten hierzu tun im Kontext der Arbeit nichts zur Sache. Die Unsicherheiten in der Auslegung und in der Subsumtion bei § 116 III 1 Nr. 2 AFG bewirken, daß die verfassungskräftige Verpflichtung der Bundesanstalt für Arbeit und des Bundessozialgerichts auf die *passive* Neutralität beeinträchtigt wird. Im einzelnen:

---

[134] *Schlaich*, Neutralität, S. 119; *Seiter*, Streikrecht und Aussperrungsrecht, 1975, S. 175; *ders.*, Staatliche Neutralität im Arbeitskampf, S. 13; *Gagel*, AFG, vor § 116 Rn. 13; BSGE 40, 190 (197 f.) = NJW 1976, 689 (691).

[135] *Seiter*, Staatliche Neutralität, S. 13.

[136] Zu dieser Gegenüberstellung s. etwa BSGE 40, 190 (197 f.) = NJW 1976, 689 (691); *Seiter*, Staatliche Neutralität, S. 13 f.

[137] Zur Gewichtsverteilung durch § 116 AFG unter Bezugnahme auf BVerfGE 50, 290 (376) s. insoweit schon soeben S. 78 f. Allgemein zur Textaussage: *Lerche*, Verfassungsrechtliche Zentralfragen des Arbeitskampfes, 1968, S. 49 ff.; *Seiter*, Staatliche Neutralität, S. 14 m. w. Nachw.; *Schwerdtfeger*, Schriftliche Stellungnahme zur Informationssitzung des Ausschusses für Arbeit und Sozialordnung, aaO, S. 363.

2. Die Unbestimmtheit des § 116 III 1 Nr. 2 AFG
und die Unsicherheiten bei der (intuitiven) Subsumtion als
Eingriff in das verfassungskräftige Neutralitätsgebot

a) Mit der passiven Neutralität im beschriebenen Sinne wäre es unvereinbar, wenn es § 116 III 1 Nr. 2 AFG in das *Ermessen* der Bundesanstalt stellen würde, ob an mittelbar arbeitskampfbetroffene Arbeitnehmer Kug gezahlt wird oder nicht. Denn damit würden die Gewichte im konkreten Arbeitskampf ad hoc zugunsten der einen oder anderen Seite festgelegt.[138]

Eine ähnliche Situation wie bei einer ermessensmäßigen Entscheidung der Bundesanstalt über die Gewichtsverteilung im konkreten Arbeitskampf ist gegeben, soweit die unbestimmten Gesetzesbegriffe des § 116 III 1 Nr. 2 AFG *auszulegen* und *intuitiv* anzuwenden sind. Denn nach dem Gesagten besteht in einer Bandbreite die Möglichkeit zu gegenteiligen Entscheidungen. Der Rechtsanwender übt cognitives Ermessen aus und bestimmt dabei in der Entscheidung zwischen verschiedenen Entscheidungsmöglichkeiten im Ergebnis, ob Kug gezahlt und nicht gezahlt wird und wie also die Gewichte im konkreten Arbeitskampf verteilt sind. Vor diesem Hintergrund bekommt es Gesicht, wenn das Bundessozialgericht die (passive) Neutralität nur gewährleistet sieht, wenn der Bundesanstalt für Arbeit so eindeutige Maßstäbe gesetzt worden sind, „daß wertende Entscheidungen bei der Auslegung unbestimmter Begriffe in der Konfliktsituation des Arbeitskampfes vermieden werden".[139]

Die Entscheidung des Bundessozialgerichts ist in der Literatur auf Kritik gestoßen.[140] Diese Kritik richtet sich aber nur zum Teil gegen die wiedergegebene Aussage des Bundessozialgerichts zur passiven Neutralität. Soweit sich die Kritik gegen diese Aussage wendet, ist sie unbegründet.

Das gilt etwa für den Einwand von Seiter,[141] es sei nicht einzusehen, warum die Forderung „kein Wertungsspielraum" nur in bezug auf die Exekutive gelten solle, die

---

[138] Die Ermessensvorschrift des § 116 IV AFG (härtefallbedingte Ausnahmen vom Ruhen des Anspruchs) ist gleichwohl unbedenklich. Sie hat so enge rechtliche Voraussetzungen (zu ihnen *Schwerdtfeger*, Arbeitslosenversicherung und Arbeitskampf, S. 102 ff.; vgl. ferner BSGE 40, 190 = NJW 1976, 689), daß sie der Bundesanstalt von vornherein nicht die Möglichkeit einräumt, im konkreten Arbeitskampf wirklich die *Gewichte* zu verändern.

[139] BSGE 40, 190 (197 f.) = NJW 1976, 689 (691); ähnlich Hess. LSG, NZA 1984, 100 (103); LSG Bremen, NZA 1984, 132 (135); SG Bremen, NZA 1986, 498 (500), alle zu § 116 III AFG a. F.; zustimmend etwa *Isensee*, DB 1985, 2681 (2683). Richter am BSG Gagel hat besonders darauf hingewiesen, daß der skizzierte Grundsatz auch bei der Neufassung des § 116 III AFG berücksichtigt werden müsse, s. NZA 1985, 793.

[140] Exemplarisch: *H. Bogs*, SGb 1976, 349 ff.; *Seiter*, Staatliche Neutralität im Arbeitskampf, 1985, S. 14, 52 ff.; *ders.*, Staatsneutralität im Arbeitskampf, 1987, S. 168 ff.; *Säcker*, Anhörung vor dem BT-Ausschuß für Arbeit und Sozialordnung, Stenographisches Protokoll, S. 41 f.

[141] *Seiter*, Staatliche Neutralität, S. 14.

immerhin noch der gerichtlichen Kontrolle unterliege, nicht aber für die Legislative. Nach dem Gesagten[142] können die Legislative und die Exekutive im gegenwärtigen Kontext nicht „über einen Kamm geschoren" werden. Es geht alleine um einen Eingriff des Staates in einen *konkreten, laufenden* Arbeitskampf. Zu diesem Eingriff ist aber nur die Exekutive, nicht die Legislative fähig.[143]

Säcker[144] und indirekt auch Seiter[145] weisen darauf hin, daß der Gesetzgeber die früher mit § 116 III Nr. 1 und 2 AFG a. F. verfolgten Ziele und das nunmehr mit § 116 III 1 Nr. 2 AFG verfolgte Ziel *ohne* die Verwendung unbestimmter Gesetzesbegriffe nicht umsetzen *könne*. Auf diesen Einwand wurde in der Sache schon soeben S. 83 eingegangen. S. 90 wird er nochmals aufgegriffen.

b) Allerdings ist denkbar, daß der Neutralitätsgrundsatz des Art. 9 III GG dem Gesetzgeber nur verbietet, der Exekutive die Möglichkeit zu *finalen* Einflußnahmen auf stattfindende konkrete Arbeitskämpfe einzuräumen.[146]

Dann wären nach dem Neutralitätsgrundsatz nur Regelungen ausgeschlossen, welche die Bundesanstalt für Arbeit ermächtigen, durch Zahlung oder Nichtzahlung von Kug die Gewichte im konkreten Arbeitskampf *ganz gezielt* zu verteilen. Eine *solche* Ermächtigung enthält § 116 III 1 Nr. 2 AFG nicht. Zwar hat sich der Gesetzgeber *selbst* von *abstrakten* Gewichtsüberlegungen leiten lassen, als er den Tatbestand des § 116 III 1 Nr. 2 AFG als Grenze für seine sozialstaatlichen Zielvorstellungen (grundsätzliche Zahlung von Kug) formulierte. Aber die Tatbestandsmerkmale des § 116 III 1 Nr. 2 AFG *selbst* haben *keine* Anknüpfung bei der Verteilung der Gewichte im *konkreten* Arbeitskampf, wie die Stichworte „Hauptforderung", „Gleichheit von Forderungen", „erhobene Forderung", „Übernahmeprognose" zeigen. Der Recht*sanwender* hat unter diese Tatbestandsmerkmale zu subsumieren, *ohne* den Blick darauf zu richten, wie sich die Subsumtion *kausal* auf die Verteilung der Gewichte im konkreten Arbeitskampf auswirken wird. *Diese* Blickrichtung ist der Bundesanstalt für Arbeit nicht gestattet, weil sie keine Entsprechung in den Tatbestandsmerkmalen des § 116 III 1 Nr. 2 AFG hat.

Aber: „Die Gedanken sind frei". Bei der dezisionistischen Auslegung und bei den beschriebenen intuitiven Diagnosen und Prognosen spielen *jedenfalls unbewußt* auch Vorverständnisse eine Rolle. In der spannungsgeladenen Atmosphäre des Arbeitskampfes können diese (unbewußten) Vorverständnisse mit davon bestimmt sein, wie sich die Anwendung der unbestimmten Gesetzesbegriffe zugunsten der einen oder der anderen Seite im Arbeitskampf auswirken würde. Auf der Linie des Bundessozialgerichts und der

---

[142] S. 85.

[143] s. S. 85.

[144] AaO.

[145] *Seiter*, S. 54.

[146] Andeutungsweise so *Raiser*, NZA 1986, 113 (114).

ihm folgenden Rechtsprechung[147] reicht schon das aus, um einen Eingriff in den Neutralitätsgrundsatz zu bejahen. Denn das Bundessozialgericht und die ihm folgenden Gerichte halten es ganz allgemein für ausgeschlossen, der Bundesanstalt für Arbeit im Arbeitskampf *„wertende"* Entscheidungen zu übertragen. Auf finale Entscheidungen im skizzierten Sinne werden diese Aussagen nicht beschränkt.

Wenn man entgegen dem Bundessozialgericht den Ansatz bei der Finalität pointiert, richtet sich der Blick auf die Zusammensetzung des *Neutralitäts-ausschusses*, welcher über das Vorliegen der Tatbestandsvoraussetzungen des § 116 III 1 Nr. 2 AFG entscheidet (§ 116 V AFG). Nach § 206 a in Verbindung mit § 192 I, II AFG sind neben dem Präsidenten der Bundesanstalt für Arbeit *stimmberechtigte* Mitglieder des Neutralitätsausschusses auch die je drei Vertreter der Arbeitnehmer und der Arbeitgeber aus dem Vorstand. Die Vertreter der Arbeitnehmer sind auf Vorschlag der „Gewerkschaften, die für die Vertretung von Arbeitnehmerinteressen wesentliche Bedeutung haben", die Vertreter der Arbeitgeber auf Vorschlag der „Arbeitgeberverbände, die für die Vertretung von Arbeitgeberinteressen wesentliche Bedeutung ha-ben", bestellt worden (§ 195 I, II AFG). Herkömmlich sind die Arbeitneh-mervertreter und die Arbeitgebervertreter im Vorstand Funktionäre der einschlägigen Verbände und ihrer Spitzenorganisationen. Die Vertreter der Arbeitnehmer und der Arbeitgeber, also sechs der sieben Mitglieder des Neutralitätsausschusses, sind fast naturnotwendig dem Vorverständnis un-terworfen, wie die Gewichte im konkreten Arbeitskampf durch die Zahlung oder die Nichtzahlung von Kug *möglichst* verteilt werden *sollten*. Außerdem unterstehen sie in dieser Frage der besonderen Einflußnahme der kämpfen-den Verbände. Diese Mitglieder des Neutralitätsausschusses sind persönlich überfordert, wenn das Gesetz von ihnen verlangt, die Tatbestandsmerkmale des § 116 III 1 Nr. 2 a und b AFG *ohne* Blick auf das *Ergebnis* (Gewichtsver-teilung im konkreten Arbeitskampf zugunsten der einen oder der anderen Seite) unbefangen auszulegen und die erforderlichen Diagnosen und Pro-gnosen unbefangen zu stellen. Es besteht jedenfalls die *Gefahr*, daß sie von ihrem Vorverständnis her entscheiden, nach welchem Kurzarbeitergeld möglichst gezahlt oder nicht gezahlt werden sollte. Dieser finale Blick auf das gewichtsverteilende Ergebnis der Entscheidung hebt sich nicht notwen-dig im paritätischen Gegeneinander der drei Vertreter beider Seiten auf. Demgemäß kann man auch nicht sagen, daß in einer Patt-Situation die eigentliche Entscheidung dem *unbefangenen* Präsidenten der Bundesanstalt für Arbeit als „siebtem Mann" zufalle. Denn: Die Arbeitnehmervertreter und die Arbeitgebervertreter im Neutralitätsausschuß stehen in einem Loya-litätskonflikt. Bei *allen* Vertretern der Arbeitnehmer und der Arbeitgeber im

---

[147] Nachweise S. 86.

Neutralitätsausschuß besteht die *Gefahr*, daß sie final auf die Gewichtsverteilung im Arbeitskampf hin entscheiden werden. Ob jeder einzelne Vertreter
im Einzelfall aber *tatsächlich* derart final oder entsprechend seiner gesetzlichen Verpflichtung unbefangen entscheidet, ist ungewiß. Sobald sich auch
nur ein Mitglied des Neutralitätsausschusses auf die Gesetzeslage besinnt
und nicht von seinem Vorverständnis her final entscheidet, fällt das Paritätsmodell der sich gegenseitig neutralisierenden Vorverständnisse in sich zusammen. Entsprechendes gilt, wenn ein Mitglied der „Arbeitnehmerbank"
oder der „Arbeitgeberbank" verhindert ist und so an der Entscheidung des
Neutralitätsausschusses nicht teilnehmen kann. Damit besteht jedenfalls die
Gefahr, daß die Entscheidung des Neutralitätsausschusses als solchem final
auf die Gewichtsverteilung im konkreten Arbeitskampf gerichtet ist. Auch
wenn man den verfassungskräftigen Neutralitätsgrundsatz — anders als das
Bundessozialgericht — auf das Verbot *finaler* Einflußnahmen begrenzt,
indiziert die Entscheidung des Neutralitätsausschusses damit einen Eingriff
in die „Freiheit der Koalitionsbetätigung von staatlichem Einfluß" und also
in den verfassungskräftigen Grundsatz der (passiven) Staatsneutralität.

Dieser Konsequenz entkommt man nicht, wenn man die Entscheidung des
Neutralitätsausschusses als Akt sozialer Selbstverwaltung deutet, mit welchem die Sozialpartner über die Bedingungen, unter welchen ein konkreter
Arbeitskampf abläuft, paritätisch selbst mit entscheiden. Wie diese Deutung
mögen auch andere Deutungen möglich sein, um die Existenz des Neutralitätsausschusses gedanklich „aufzuladen". Nach der *Gesetzeslage* ändern
derartige Deutungen nichts an der Ausgangssituation: Der Neutralitätsausschuß ist ein *öffentlichrechtliches Exekutiv*organ, welches den rechtsstaatlichen Normen des *öffentlichen* Rechts unterworfen ist. Wenn die Gefahr
besteht, daß sechs der sieben Mitglieder dieses Organs *final* über die Gewichtsverteilung im konkreten Arbeitskampf entscheiden, entscheidet dieses
Exekutivorgan als solches in der Sache final. *Das* greift in den Neutralitätsgrundsatz ein.[148]

3. Verletzung des Kernbereichs

Auch jetzt liegt ein *Verstoß* gegen Art. 9 III GG nur vor, wenn der
Kernbereich der Koalitionsfreiheit verletzt ist.[149]

Daß die „Garantie staatsfreier Koalitionsbetätigung" zum Kernbereich
gehört, steht nach BVerfGE 50, 290 (369) fest. Die „Freiheit der Koalitionsbetätigung von staatlichem Einfluß" ist das *„entscheidende* Element der

---

[148] Später (S. 103 ff.) wird sich ergeben, daß zusätzlich ein Verstoß gegen das
Verfassungsverbot der Befangenheit vorliegt.
[149] Einzelheiten zur Dogmatik bereits S. 79 f.

Koalitionsfreiheit".[150] Wenn man zur Koalitionsfreiheit auch die Arbeitskampffreiheit rechnet,[151] gilt das gerade auch für den Arbeitskampf.

Allerdings braucht die Koalitionsfreiheit nur „im *wesentlichen* ohne staatliche Einflußnahme" zu bleiben.[152] Erst bei *wesentlichen* Einflußnahmen
wird die Garantie staatsfreier Koalitionsbetätigung also *verletzt*. Weil die
Unsicherheiten in der Auslegung und in der Anwendung des § 116 III 1 Nr. 2
AFG in so gut wie jedem Arbeitskampf in der Metallindustrie auftreten und
die Entscheidung des Neutralitätsausschusses entsprechend „offen" ist, wird
die „Garantie staatsfreier Koalitionsbetätigung" in nahezu jedem Arbeitskampf der Metallindustrie beeinträchtigt.[153]

Die Entscheidung des Neutralitätsausschusses hat zentrale Bedeutung für
den Arbeitskampf und für die Möglichkeiten der einen oder anderen Partei,
sich mit ihren Vorstellungen durchsetzen zu können. Bezogen auf die Metallindustrie haben die Unsicherheiten in der Auslegung und Anwendung des
§ 116 III 1 Nr. 2 AFG damit eine *wesentliche* staatliche Einflußnahme auf den
Arbeitskampf durch den Neutralitätsausschuß im Gefolge. Bezogen auf den
Zeitpunkt des Arbeitskampfes ist damit die Garantie staatsfreier Koalitionsbetätigung in ihrem Kern *verletzt*.

Auch diese Kernbereichsverletzung ist relevant, *obgleich* der Gesetzgeber
die Unsicherheiten in der Auslegung teilweise und die Unsicherheiten in der
Anwendung insgesamt nicht vermeiden *kann*, wenn er das gesetzgeberische
Ziel verfolgen will, welches er verfolgt hat (Grenzziehung über die „Stellver-
treterlehre"). Weil notwendig der Kernbereich der Koalitionsfreiheit verletzt
wird, hat die Verfolgung *dieses* Zieles nach dem Gesagten[154] zu unterbleiben.
Die Kernbereichsgarantie setzt eine *absolute* Sperre. Auf die Wertigkeit des
Zieles kommt es dabei nicht an.

V. Ergebnis und Konsequenzen

Nach allem ist festzuhalten: § 116 III 1 Nr. 2 a und b AFG verstößt gegen
den verfassungsrechtlichen Bestimmtheitsgrundsatz in allen seinen drei
Varianten. Damit ist § 116 III 1 Nr. 2 a und b AFG vom Bundesverfassungsgericht aufzuheben. Es verbleibt bei der bisherigen Rechtslage nach § 116 III
AFG *a. F.*

---

[150] BVerfGE 50, 290 (370).
[151] Dazu S. 70.
[152] Formulierung in BVerfGE 50, 290 (367); 44, 322 (340).
[153] s. dazu bereits im einzelnen S. 82 f.
[154] S. 83.

Dem läßt sich nicht entgegenhalten, § 116 III AFG a. F. sei ebenso unbestimmt wie § 116 III 1 Nr. 2 AFG n. F. und daher ebenfalls verfassungswidrig; das Bundesverfassungsgericht könne daher nur die Verfassungswidrigkeit des gegenwärtigen *Zustandes* feststellen, nicht aber durch Nichtigerklärung des § 116 III 1 Nr. 2 AFG n. F. den „alten" § 116 III AFG wieder in Kraft setzen. Denn § 116 III AFG a. F. hat durch die Rechtsprechung des Bundessozialgerichts im Wege der Auslegung klare Konturen erhalten. Seine Auslegung ist geklärt. In der Auslegung des Bundessozialgerichts sind die verfassungswidrigen Wertungs- und Intuitionsspielräume bei der Rechtsanwendung nicht gegeben. Demgegenüber läßt sich § 116 III 1 Nr. 2 AFG n. F. über das Mittel der Auslegung nicht voll konkretisieren.[155] Wie gezeigt wurde, verbleiben bei konkretisierender Auslegung auch die verfassungswidrigen Unbestimmtheiten in der Subsumtion (Wertungsabhängigkeiten, Spielräume für Intuitionen).

In seiner (neuen) Schrift „Staatsneutralität im Arbeitskampf" (1987, S. 355 ff.) rät Seiter davon ab, maßgeblich auf die Rechtsprechung des Bundessozialgerichts zu § 116 III AFG a. F. abzustellen. Denn diese Rechtsprechung reduziere den gesetzgeberischen Willen und verstoße dabei nicht nur gegen die gesetzlichen Grundlagen, sondern auch gegen das verfassungsrechtliche Neutralitätsgebot. Die Existenz dieser wissenschaftlichen Meinung und die Existenz entsprechender Meinungen anderer Autoren hindern das Bundesverfassungsgericht indessen nicht, maßgebend auf die Existenz der Rechtsprechung des Bundessozialgerichts abzustellen. Im herkömmlichen Verständnis haben höchstrichterliche Auslegungen prägende Bedeutung für die inhaltliche Geltung des Gesetzes (obgleich die Instanzgerichte selbstverständlich an diese Auslegungen nicht gebunden sind). Demgemäß orientiert sich auch das Bundesverfassungsgericht an der höchstrichterlichen Rechtsprechung, wenn es für seine Entscheidung auf die Auslegung des einfachen Gesetzesrechts ankommt. Auf dieser Linie kann das Bundesverfassungsgericht ohne weiteres davon ausgehen, daß die „alte" Rechtslage im Sinne der Rechtsprechung des Bundessozialgerichts „klare Konturen" hat und daß der Bestimmtheitsgrundsatz insoweit keine Probleme aufwirft. Der Frage nachzugehen, ob die Rechtsprechung des Bundessozialgerichts verfassungsrechtlich bedenklich sein könnte, hat das Bundesverfassungsgericht keinen Anlaß. Denn es ist beim Bundesverfassungsgericht kein Verfahren i. S. von § 13 BVerfGG gegen die Entscheidung des Bundessozialgerichts zu § 116 III AFG a. F. anhängig gemacht worden.

---

[155] s. dazu S. 52 ff., 75 f.

3. Teil

Verwaltungsverfahren und Neutralitätsausschuß

1. Abschnitt

Die „Feststellung" des Neutralitätsausschusses

I. Inhalt und Funktion der Feststellung

Der Anspruch auf Arbeitslosengeld wird durch Antrag des Arbeitslosen selbst, der — in der Regel in Betracht kommende — Anspruch auf Kug in Verfahrensstandschaft/Prozeßstandschaft durch Antrag des Arbeitgebers oder des Betriebsrates geltend gemacht (§ 72 AFG); ein eigenes Antragsrecht hat der Leistungsberechtigte (Arbeitnehmer) hier nicht.[1]

Bei der Entscheidung über einen Antrag auf Kug hat die Bundesanstalt für Arbeit mehrere rechtliche Vorfragen zu beurteilen, so die allgemeinen, betrieblichen und persönlichen Voraussetzungen für die Zahlung von Kug (§§ 63, 64, 65 AFG), die in § 116 III 1 AFG am Anfang genannten Ruhensvoraussetzungen (arbeitskampfbedingter Arbeitsausfall; Zuordnung des Betriebes nicht zum räumlichen, aber zum fachlichen Geltungsbereich des umkämpften Tarifvertrages) und die in § 116 III 1 Nr. 2a und b AFG formulierten Kriterien eines überregionalen Schwerpunktarbeitskampfes. Aus der Sicht des individuellen Antragstellers sind alle rechtlichen Vorfragen, welche positiv oder negativ entschieden werden müssen, damit dem Antrag stattgegeben werden kann, gleichwertig. Anderes gilt aber aus der Sicht der kämpfenden Tarifvertragsparteien. Aus ihrer Sicht hebt sich die durch § 116 III 1 Nr. 2a und b AFG geregelte rechtliche Vorfrage entscheidend von den anderen rechtlichen Vorfragen ab. Jene betreffen die rechtliche Situation *konkreter* Arbeitnehmer und/oder konkreter Betriebe im Zusammenhang mit einer konkreten Antragstellung. Die Vorfrage, ob ein überregionaler Schwerpunktarbeitskampf im Sinne der Einzeldefinition in § 116 III 1 Nr. 2a und b AFG vorliegt, läßt sich losgelöst von konkreten Anträgen gleichsam abstrakt entscheiden. Diese Frage hat für die kämpfenden Tarifvertragsparteien zentrale Bedeutung. Denn von der Antwort auf diese Frage hängt es ab, ob die kämpfenden Parteien damit rechnen müssen oder

---

[1] s. BSG, SGb 1975, 249 (250); *Schwerdtfeger*, SGb 1975, 252 f.

können, daß Anträge auf Zahlung von Kug (oder Arbeitslosengeld) im mittelbar arbeitskampfbetroffenen Tarifgebiet — abgesehen vom Vorliegen der weiter erforderlichen konkreten Einzelvoraussetzungen — im Prinzip positiv oder negativ entschieden werden. Nicht im Interesse potentieller Antragsteller, sondern im Interesse der kämpfenden Tarifvertragsparteien hat der Gesetzgeber deshalb angeordnet, daß zu den Ruhensvoraussetzungen des § 116 III 1 Nr. 2 a und b AFG eine gesonderte „Feststellung" durch den Neutralitätsausschuß getroffen werden muß. Damit in dieser Frage alsbald auch eine höchstrichterliche Klarstellung erfolgen kann, hat § 116 VI AFG gegen die Feststellung den einstufigen Rechtsweg zum Bundessozialgericht vorgesehen und dem Bundessozialgericht die vorrangige Erledigung vorgeschrieben.[2]

Wie ausgeführt wurde, machte unter der bisherigen Rechtslage der Präsident der Bundesanstalt für Arbeit vom Rechtsinstitut der (internen) Weisung Gebrauch, wenn er der Auffassung war, in einem konkreten Arbeitskampf *ruhe* der Anspruch auf Kug/Arbeitslosengeld nach § 116 III AFG a. F. i. V. mit § 4 Neutralitätsanordnung für mittelbar arbeitskampfbetroffene Arbeitnehmer („Franke-Erlaß").[3] Dem Anliegen des Gesetzgebers entspricht es, daß der Neutralitätsausschuß eine „Feststellung" *nicht* nur dann treffen muß, wenn er das Vorliegen der Ruhensvoraussetzung nach § 116 I Nr. 2 a und b AFG bejaht, sondern auch, wenn er sie verneint. Das kommt im Gesetzeswortlaut zum Ausdruck. Denn nach ihm hat der Neutralitätsausschuß die Feststellung zu treffen, „*ob* die Voraussetzungen nach § 116 III 1 Nr. 2 a und b AFG erfüllt sind". Das schließt die Feststellung der Nichterfüllung ein. Schließlich ist nur so zu erklären, daß das Bundessozialgericht nach § 116 VI 1 AFG nicht lediglich eine Aufhebungskompetenz hat, sondern auch „eine andere Feststellung" treffen kann, die Feststellung des Neutralitätsausschusses also gegebenenfalls auch umzukehren hat.

II. Rechtscharakter, Bindungswirkung und Bestandskraft der Feststellung

1. Interne rechtliche Bindung der Dienststellen der Bundesanstalt für Arbeit

Unabhängig von der Frage, welchen Rechtscharakter die Feststellung des Neutralitätsausschusses im Außenverhältnis zu den potentiell Leistungsbe-

---

[2] Deutlich zu dieser Motivation die Beschlußempfehlung des Ausschusses für Arbeit und Sozialordnung, auf welche die Einfügung von § 116 V und VI zurückgeht; BT-Drucks. 10/5214, S. 14, 17.

[3] s. S. 20.

rechtigten, zu den kämpfenden Tarifvertragsparteien und zu den Spitzenverbänden hat, ist die Entscheidung des Neutralitätsausschusses für alle Organe und Dienststellen der Bundesanstalt für Arbeit, insbesondere für die Direktoren der Arbeitsämter, *intern* rechtsverbindlich, wenn sie (§ 146 AFG) über Anträge auf Zahlung von Kug oder Arbeitslosengeld zu entscheiden haben. Eine der rechtlichen Vorfragen, welche im Verwaltungsverfahren beurteilt werden muß, ist also jedenfalls intern verbindlich entschieden. Schon das verschafft den Tarifvertragsparteien eine erhebliche Gewißheit.

2. Bestandskräftiger Verwaltungsakt mit Außenbindung gegenüber den kämpfenden Tarifvertragsparteien

Soweit ersichtlich, wird in der Literatur regelmäßig angenommen, die Feststellung des Neutralitätsausschusses sei im Verhältnis zu den kämpfenden Tarifvertragsparteien ein Verwaltungsakt.[4]

Wenn das richtig ist, wird die Bundesanstalt für Arbeit durch die Feststellung des Neutralitätsausschusses im Verhältnis zu dem kämpfenden Tarifvertragsparteien rechtlich gebunden. Würden Dienststellen der Bundesanstalt für Arbeit bei der Entscheidung über Anträge auf Zahlung von Kurzarbeitergeld von der Feststellung des Neutralitätsausschusses abweichen, verstießen sie also nicht nur gegen eine verwaltungsinterne Weisung zur Auslegung des § 116 III 1 Nr. 2 a und b AFG mit — vielleicht — disziplinarischen Konsequenzen für die abweichenden Beamten. Vielmehr würden sie auch eine *Außen*bindung der Bundesanstalt verletzen mit — eventuellen — schadensersatzrechtlichen Konsequenzen (Amtspflichtverletzung gegenüber der durch die Feststellung begünstigten Tarifvertragspartei). Anders als bei einer bloß verwaltungsinternen Weisung ist der Neutralitätsausschuß bei Vorliegen eines Verwaltungsaktes insbesondere auch selbst gehindert, die Feststellung ohne weiteres zu ändern, wenn er nachträglich zu besseren Einsichten über die „richtige" Rechtsanwendung kommt. Für eine Korrektur müssen vielmehr die Einzelvoraussetzungen für die Rücknahme eines rechtswidrigen begünstigenden Verwaltungsaktes nach § 45 SGB X vorliegen. Nach dieser Vorschrift kann einer Korrektur der Vertrauensschutz entgegenstehen, welchen § 45 SGB X der durch die Feststellung begünstigten Tarifvertragspartei einräumt.[5]

---

[4] *Seiter*, Staatsneutralität im Arbeitskampf, 1987, S. 286 f. m. w. Nachw.

[5] Der Änderung einer bloß verwaltungsinternen Weisung steht der (auch) verfassungskräftige Vertrauensschutzgedanke nicht entgegen. Denn Vertrauensschutz kann nur durch ein Verwaltungshandeln mit Außen*richtung* erzeugt werden; s. dazu *Ossenbühl*, Verwaltungsvorschriften und Grundgesetz, 1968, S. 543; *ders.*, DVBl. 1981, 861 („Drittadresse"); *Schwerdtfeger*, Die lenkende Veröffentlichung von Subventionsrichtlinien — Auslegung und Vertrauensschutz, NVwZ 1984, 486; vgl. auch BVerwGE 53, 280 (285).

Zur Begründung des Verwaltungsaktcharakters knüpft die Literatur[6] an den Meinungsstand zur Rechtsnatur der Weisungen des Präsidenten der Bundesanstalt für Arbeit, insbesondere zur Rechtsnatur des „Franke-Erlasses", an. Für das Verhältnis der Bundesanstalt für Arbeit zu den kämpfenden Tarifvertragsparteien habe die herrschende Meinung bereits den „Franke-Erlaß" als Verwaltungsakt angesehen.[7] Weil die Feststellungen des Neutralitätsausschusses an die Stelle der bisherigen „Erlaßpraxis" getreten seien, müßten auch diese Feststellungen als Verwaltungsakte angesehen werden. Gerade auch für die Feststellung des Neutralitätsausschusses sei entscheidend, daß sie die Stellung der Tarifvertragsparteien im Arbeitskampf wesentlich beeinträchtigen könne.

Nachfolgend gilt es, den Verwaltungsakt-Charakter der Feststellungen des Neutralitätsausschusses *ohne* den Umweg über den Rechtscharakter des „Franke-Erlasses" *eigenständig* zu begründen. Vor Inkrafttreten des SGB X (1980) wurden Verwaltungsakt und Internum danach abgegrenzt, ob eine (verwaltungsinterne) Regelung „unmittelbare Rechts*wirkung* nach außen" hatte.[8] Seit Inkrafttreten des § 31 SGB X ist entscheidend, daß die hoheitliche Maßnahme „auf unmittelbare Rechts*wirkung* nach außen *gerichtet* ist" (§ 31 SGB X). Nach geltendem Recht reicht also nicht mehr aus, daß eine „unmittelbare Rechts*wirkung* nach außen" nur *kausal* eintritt. Die hoheitliche Maßnahme muß vielmehr *final* „auf unmittelbare Rechtswirkung nach außen *gerichtet*" sein. Wie BVerwGE 60, 144 (145) für den gleichlautenden § 35 VwVfG deutlich macht, ist eine solche Außen*richtung* bei verwaltungsinternen Weisungen nicht gegeben; solche Weisungen richten sich eben an die nachgeordneten Dienststellen, nicht aber nach außen.[9]

Entscheidend ist damit, ob die Feststellung des Neutralitätsausschusses dazu *bestimmt* ist, Außenwirkung gegenüber den kämpfenden Tarifvertragsparteien zu entfalten. Ob diese Bestimmung gegeben ist, beurteilt sich nach dem „objektiven Sinngehalt"[10] des § 116 V AFG. Dieser „objektive Sinngehalt" spricht für die Außenrichtung. Es wurde schon angedeutet, daß die abschichtende Feststellung durch ein eigenständiges Gremium der Bundesanstalt für Arbeit im Interesse der kämpfenden Tarifvertragsparteien einge-

---

[6] *Seiter*, aaO, m. w. Nachw.

[7] *Seiter*, aaO, mit ausführlichen Zitaten; zuletzt Hess. LSG, Urt. v. 20.12.1989 (L-10/Ar-767/86).

[8] So auch BSG, NJW 1976, 689.

[9] Das Bundesverwaltungsgericht weist gleichzeitig darauf hin, daß es nicht vom Verwaltungsakts-Charakter abhängt, ob ein in seinen subjektiven Rechten Betroffener gegen ein Verwaltungsinternum gerichtlich vorgehen kann; neben der Anfechtungsklage stehen auch die Leistungsklage und die Feststellungsklage zur Durchsetzung subjektiver Rechte zur Verfügung.

[10] BVerwGE 60, 144 (145, 147).

führt worden ist. *Sie* sollen über die Einschaltung des Neutralitätsausschusses *gesicherte* Klarheit zu einer wesentlichen Rahmenbedingung für den Arbeitskampf erhalten. Für die internen Bedürfnisse der Bundesanstalt für Arbeit und für die Interessen der potentiellen Leistungsempfänger wäre es ausreichend gewesen, wenn die Gesetzesanwendung zu § 116 III AFG weiterhin durch Erlasse des Präsidenten der Bundesanstalt für Arbeit gesteuert worden wäre. Hinzu kommt, daß § 116 VI AFG *ausdrücklich* die Klagemöglichkeit gegen die Feststellung des Neutralitätsausschusses *regelt*. Ob eine Klagemöglichkeit gegeben ist, pflegt der Gesetzgeber bei bloßen Verwaltungsinterna der Rechtsprechung anheimzugeben. Daß der Gesetzgeber einer Rechtsperson *ausdrücklich* eine Klagemöglichkeit einräumt, *ohne* daß der angreifbare Rechtsakt als solcher schon Außenrichtung haben sollte, erscheint nicht vorstellbar. Zwar ist auffällig, daß § 116 VI AFG die Klagemöglichkeit nur den „Fach*spitzenverbänden*" einräumt, nicht aber den kämpfenden Tarifvertragsparteien, um die es im gegenwärtigen Kontext geht. Aber die Mehrheit des Ausschusses für Arbeit und Sozialordnung hat in der Begründung ihrer Empfehlung zur Einführung des § 116 VI AFG ausdrücklich ihre Absicht dokumentiert, „für die Arbeitskampfparteien" (!) die Möglichkeit zu schaffen, „die Entscheidung des Neutralitätsausschusses durch das Bundessozialgericht überprüfen zu lassen".[11] Wie später[12] auszuführen sein wird, klagt der Fachspitzenverband in Prozeßstandschaft für die kämpfende Tarifvertragspartei. Indiz für den Verwaltungsaktcharakter der Feststellung ist schließlich, daß § 116 VI 3 AFG die Klageerhebung ohne Vorverfahren zuläßt. Ein Vorverfahren ist gem. § 78 I, III SGG i. V. mit § 54 I SGG nur der Anfechtung von Verwaltungsakten vorgeschaltet. Wenn der Gesetzgeber die Feststellung des Neutralitätsausschusses nicht als Verwaltungsakt angesehen haben würde, hätte er keinen Anlaß gehabt, durch § 116 VI 3 AFG das Vorverfahren auszuscheiden.

Damit ergibt die Subsumtion unter § 31 SGB X, daß die Feststellung des Neutralitätsausschusses in der Tat ein Verwaltungsakt ist, welcher die Bundesanstalt für Arbeit im Außenverhältnis zu den kämpfenden Tarifvertragsparteien bindet und nur nach Maßgabe des § 45 SGB X durch den Neutralitätsausschuß selbst verändert werden kann.

3. Verwaltungsakt gegenüber den „Fachspitzenverbänden"

Soeben wurde bereits darauf hingewiesen, daß es gem. § 116 VI 1 AFG die „Fachspitzenverbände" sind, welche die Feststellung des Neutralitätsausschusses anfechten können. Auf der Arbeitnehmerseite ist die kämpfende

---

[11] s. BT-Drucks. 10/5214, S. 17.
[12] s. S. 109.

Gewerkschaft (IG Metall) zwar gleichzeitig — bei der gebotenen funktionalen Betrachtungsweise — „Fachspitzenverband" i. S. von § 116 VI 1 AFG. Auf der Arbeitgeberseite fallen der kämpfende (regionale) Arbeitgeberverband (z. B. „Arbeitgeberverband der hessischen Metallindustrie e.V.") und der Fachspitzenverband („Gesamtverband der metallindustriellen Arbeitgeberverbände e. V." — „Gesamtmetall") aber auseinander.

Weil der Fachspitzenverband („Gesamtmetall") gemäß § 116 VI 1 AFG das Anfechtungsrecht hat, muß die Feststellung (auch) ihm gegenüber Verwaltungsakt sein.[13] Das überrascht, weil der Fachspitzenverband („Gesamtmetall") im Arbeitskampf zwar lenkend und koordinierend tätig ist, durch die Entscheidung des Neutralitätsausschusses aber — rechtlich gesehen — nicht *selbst* materiell betroffen ist.

Aufhellung bringt das Stichwort der „Verfahrensstandschaft". Aus dem Prozeßrecht ist geläufig, daß kraft Gesetzes oder „gewillkürt" eine Person berechtigt sein kann, fremde Rechte und Interessen im eigenen Namen, nämlich in „Prozeßstandschaft", einzuklagen.[14] Die Parallele der „Prozeßstandschaft" auf der Ebene des Verwaltungsverfahrens könnte man als „Verfahrensstandschaft" bezeichnen. Eingangs wurde bereits darauf hingewiesen, daß der Anspruch des Versicherten auf Kurzarbeitergeld bei der Bundesanstalt für Arbeit gem. § 72 AFG in „Verfahrensstandschaft" durch den Arbeitgeber oder durch die Betriebsvertretung geltend zu machen ist; der Versicherte selbst hat kein eigenes Antragsrecht. Das Bundessozialgericht hat diese gesetzlich geregelte Verfahrensstandschaft für Klagen vor dem Sozialgericht in eine „Prozeßstandschaft" hinein verlängert.[15] Für das Verwaltungsverfahren nach § 116 V AFG verläuft die Ableitung in umgekehrter Richtung. § 116 VI 1 AFG schreibt die „Prozeßstandschaft" des Fachspitzenverbandes („Gesamtmetall") vor. Daraus ergibt sich, daß der Fachspitzenverband („Gesamtmetall") schon im Stadium des Verwaltungsverfahrens nach § 116 V AFG die Rechtsposition einer „Verfahrensstandschaft" innehat. Materiell gesehen regelt der Verwaltungsakt der Feststellung das Verhältnis der Bundesanstalt für Arbeit zu den kämpfenden Tarifvertragsparteien, also auch zum kämpfenden Arbeitgeberverband. Wegen der Verfahrensstandschaft ist der Verwaltungsakt formell gesehen aber an den Fachspitzenverband („Gesamtmetall") zu richten.

---

[13] Ebenso *Seiter*, Staatsneutralität im Arbeitskampf, 1987, S. 285.

[14] Zum Begriff der Prozeßstandschaft allgemein s. etwa *Baumbach / Lauterbach*, ZPO, 47. Aufl. 1989, Grundzüge vor § 50 IV B, C; *Stern*, Rechtsschutz im Sozialrecht, 1965, S. 223, 230 m. w. Nachw.

[15] s. BSG, SGb 1975, 249 (250); *Schwerdtfeger*, SGb 1975, 252 f.

4. Bindungswirkung für die potentiell leistungsberechtigten Versicherten

Für die potentiell leistungsberechtigten Versicherten wird die Entscheidung des Neutralitätsausschusses relevant, wenn der Ausschuß das *Vorliegen* der Ruhensvoraussetzungen nach § 116 III 1 Nr. 2 a und b AFG festgestellt hat.

a) Allerdings ist diese Feststellung im Verhältnis zu den potentiell Leistungsberechtigten kein Verwaltungsakt und damit keine verbindliche Regelung, an welche sie gebunden wären, solange die Feststellung des Neutralitätsausschusses fortbesteht. Das entspricht der wohl einhelligen Ansicht in der Literatur.[16] Wäre die Feststellung Verwaltungsakt auch gegenüber den potentiell Leistungsberechtigten, müßte ihnen (bzw. in Prozeßstandschaft den Arbeitgebern und den Betriebsvertretungen) ein Anfechungsrecht gegen die Feststellung des Neutralitätsausschusses eingeräumt sein. Das ist aber nach § 116 VI 1 AFG nicht der Fall.

Weil das Vorliegen der Ruhensvoraussetzungen gegenüber den potentiell Leistungsberechtigten nicht mit Verbindlichkeit festgestellt wird, können sie (richtiger: der Arbeitgeber bzw. die Betriebsvertretung in Prozeßstandschaft) die Zahlung auf Kurzarbeitergeld einklagen. In diesem Fall überprüft das Sozialgericht ohne Bindung an die Feststellung des Neutralitätsausschusses, ob die Ruhensvoraussetzungen *„wirklich"* vorliegen.[17]

Vor *Gericht* haben die potentiell Leistungsberechtigten also die Chance, ihren Anspruch auf Kurzarbeitergeld auch dann durchzusetzen, wenn eine für sie negative Feststellung des Neutralitätsausschusses vorliegt.[18]

b) Bei allem ist der potentielle Leistungsberechtigte darauf *angewiesen*, Klage vor dem Sozialgericht zu erheben, wenn er trotz negativer Feststellung des Neutralitätsausschusses einen Anspruch auf Kurzarbeitergeld geltend machen will. Ein Leistungsantrag bei der Bundesanstalt für Arbeit kann keinen Erfolg haben. Ohne eine rechtskräftige Leistungsentscheidung der Sozialgerichtsbarkeit auf Klage des Leistungsberechtigten ist die Bundesanstalt für Arbeit rechtlich gehindert, trotz der Ruhens-Feststellung des Neutralitätsausschusses einem Leistungsantrag zu entsprechen.

Dieses rechtliche Hindernis liegt in der Außenbindung, welche der Feststellung des Neutralitätsausschusses zum Vorliegen der Ruhensvoraussetzungen des § 116 III 1 Nr. 2 a und b AFG nach dem Gesagten zukommt. Durch diese Feststellung wird der kämpfende Arbeitgeberverband begün-

---

[16] Umfassende Nachweise bei *Seiter*, aaO, S. 285 Fn. 60.

[17] Ebenso der Bericht des BT-Ausschusses für Arbeit und Sozialordnung, BT-Drucks. 10/5214, S. 14.

[18] Zur entsprechenden Rechtslage bei Vorliegen einer entsprechenden Feststellung des Bundessozialgerichts s. später, S. 115 f.

stigt. Von dieser begünstigenden Feststellung darf die Bundesanstalt für Arbeit nicht abweichen, solange sie in Kraft ist. Und selbst bei besserer Erkenntnis kann der Neutralitätsausschuß seine Feststellung nicht ändern, solange nicht die Voraussetzungen für die Rücknahme eines begünstigenden rechtswidrigen Verwaltungsakts nach § 45 SGB X vorliegen.

Damit bleibt festzuhalten: Daß der Anspruch auf Kurzarbeitergeld nicht nach § 116 III 1 Nr. 2 a und b AFG ruht, ist eine der rechtlichen Voraussetzungen für den Leistungsanspruch des Versicherten. Anders als bei einer bloß internen Weisung entscheidet der Neutralitätsausschuß über diese rechtliche Voraussetzung im Außenverhältnis, nämlich mit Verbindlichkeit gegenüber den kämpfenden Tarifvertragsparteien. Mit dieser Entscheidung „verfügt" die Bundesanstalt über die Möglichkeit, das Vorliegen der Ruhens-Voraussetzungen in ihrem Verhältnis zum potentiell Leistungsberechtigten *selbst* überprüfen zu können.

2. Abschnitt

Die Zusammensetzung des Neutralitätsausschusses als Befangenheitsproblem

I. Hinführungen

1. Besorgnisse der Befangenheit beim Neutralitätsausschuß

a) Schon im Zusammenhang mit dem Neutralitätsgrundsatz (Art. 9 III) wurde auf ein Problem hingewiesen,[19] welches sich aus der Besetzung des Neutralitätsausschusses mit Vertretern der Arbeitnehmer und der Arbeitgeber ergibt: Dem Neutralitätsausschuß obliegen Auslegungen dezionistischer Art und Diagnosen und Prognosen, welche nur intuitiv möglich sind und innerhalb einer gewissen Bandbreite je nach Wertung zu durchaus gegenteiligen Ergebnissen führen können. Bei diesen Auslegungen, Diagnosen und Prognosen sind die Vertreter der Arbeitnehmer und der Arbeitgeber, also sechs der sieben Mitglieder des Neutralitätsausschusses, fast naturnotwendig dem Vorverständnis unterworfen, wie die Gewichte im konkreten Arbeitskampf durch die Zahlung oder Nichtzahlung von Kurzarbeitergeld möglichst verteilt werden sollten. Zudem unterstehen sie in dieser Frage der besonderen Einflußnahme der kämpfenden Verbände. Zwar knüpfen die Tatbestandsmerkmale des § 116 III 1 Nr. 2 a und b AFG als solche *nicht* an die Gewichtsverteilung im konkreten Arbeitskampf an. Auch sind alle

---

[19] S. 87 ff.

Mitglieder des Neutralitätsausschusses von Gesetzes wegen darauf verpflichtet, die Tatbestandsmerkmale unbefangen auszulegen und die erforderlichen Diagnosen und Prognosen unbefangen zu stellen. Aber die Arbeitgebervertreter und die Arbeitnehmervertreter im Neutralitätsausschuß stehen in einem Rollenkonflikt. Es besteht jedenfalls die Besorgnis, daß sie bei ihrer Entscheidung persönlich überfordert sein könnten und bewußt oder unbewußt von der unsachlichen Vorgabe her entscheiden könnten, daß möglichst Kurzarbeitergeld gezahlt oder nicht gezahlt werden sollte.[20]

Der Rollenkonflikt wird dadurch verstärkt, daß die Vertreter der Arbeitnehmer und der Arbeitgeber im Neutralitätsausschuß mit den Vertretern der Arbeitgeber und Arbeitnehmer im Vorstand identisch sind. Im Vorstand geht es weitgehend um arbeitsmarktpolitische und um organisatorische Ermessensentscheidungen der *Selbst*verwaltung, an welchen die Vertreter der Arbeitgeber und der Arbeitnehmer legitimerweise die Sicht der von ihnen vertretenen Gruppe zur Geltung bringen. Im Neutralitätsausschuß geht es statt dessen *nicht* um politische Ermessensentscheidungen, sondern um die rechtliche *Subsumtion* unter gesetzliche Vorschriften. Hierbei sind die Vertreter der Arbeitgeber und der Arbeitnehmer aus dem Vorstand in eine ihnen fremde Rolle gedrängt. Dieser Rollentausch ist so ungewohnt, daß er die Besorgnis der persönlichen Überforderung und damit der Befangenheit verstärkt.

Insoweit ist eine grundlegend andere Situation gegeben, als sie bei den Laienrichtern vorliegt, welche „aus den Kreisen der Arbeitgeber und der Arbeitnehmer" bzw. der „Versicherten" in der Arbeitsgerichtsbarkeit und in der Sozialgerichtsb arkeit tätig sind. Diese Laienrichter unterstehen von vornherein einem anderen Rollenverständnis, dem des Richters. Im Spruchkörper führt ein Berufsrichter den Vorsitz, welcher die Laienrichter in der Wahrnehmung ihrer spezifisch richterlichen Rolle unterstützt. Die Parteien achten die Autorität des Gerichts. Versuche externer Einflußnahme auf die Laienrichter sind im System nicht angelegt, vielleicht strafbar. Anders als bei den Vertretern der Arbeitnehmer und der Arbeitgeber im Neutralitätsausschuß besteht wegen dieser Sachlage keine Veranlassung, die Institution der Laienrichter als Befangenheitsproblem zu sehen. (Daß wie bei jedem Richter auch bei einem Laienrichter wegen besonderer Umstände des Einzelfalles Befangenheit vorliegen kann (§ 60 I SGG i. V. mit § 42 II ZPO), steht auf einam anderen Blatt.)

Der Hinweis darauf, daß sich die Vorverständnisse der Vertreter beider Seiten im Neutralitätsausschuß gegenseitig neutralisierten und dem Präsidenten der Bundesanstalt für Arbeit als siebtem Mitglied des Neutralitätsausschusses der „Stichentscheid" zufalle, ändert nichts am beschriebenen

---

[20] So zu allem schon S. 88.

Bild. Dieser Hinweis bestätigt im Gegenteil, daß die Entscheidung von sechs der sieben Mitglieder des Neutralitätsausschusses eben Vorverständnissen unterworfen *ist.* Im übrigen knüpft das Befangenheitsproblem nach unserer Rechtsordnung gerade auch bei Ausschüssen bei den individuellen Mitgliedern des Ausschusses und nicht beim Ausschuß als solchem an (vgl. nur § 16 IV SGB X).

b) Die beschriebenen Besorgnisse der Befangenheit bei sechs der sieben Mitglieder des Neutralitätsausschusses führt aber auch ohnehin zu einer Befangenheit des Neutralitätsausschusses als solchem. Die Theorie vom „Stichentscheid" des (unbefangenen) Präsidenten der Bundesanstalt für Arbeit paßt *jedenfalls* nicht, sobald ein Mitglied der „Arbeitnehmerbank" oder der „Arbeitgeberbank" verhindert ist und so an der Entscheidung des Neutralitätsausschusses nicht teilnehmen kann. Vor allem und zentral ist aber auch schon entscheidend, daß die genannten Mitglieder des Neutralitätsausschusses in einem Loyalitäts*konflikt* stehen. Bei *allen* Vertretern der Arbeitnehmer und der Arbeitgeber im Neutralitätsausschuß ist zwar die *Besorgnis* der Befangenheit gegeben. Ob sie im Einzelfall aber *tatsächlich* eher von ihrem Vorverständnis her befangen oder von ihrer gesetzlichen Aufgabe her unbefangen entscheiden, ist ungewiß. Sobald sich auch nur ein Mitglied des Neutralitätsausschusses auf die Gesetzeslage besinnt und nicht von seinem Vorverständnis her entscheidet, fällt das Paritätsmodell der sich gegenseitig neutralisierenden Befangenheiten in sich zusammen.

2. Betroffene der Befangenheit

a) Betroffene der skizzierten Befangenheiten sind einerseits die kämpfenden Tarifvertragsparteien bzw. (auf Arbeitgeberseite) in Verfahrensstandschaft der Fachspitzenverband. Weil sich die Feststellung des Neutralitätsausschusses an sie richtet, sind sie Beteiligte am Verwaltungsverfahren des Neutralitätsausschusses i. S. von § 12 I Nr. 2 SGB X und so gleichsam förmlich betroffen.

b) Betroffen von den Befangenheiten sind aber auch und insbesondere die potentiell Leistungsberechtigten. Weil die Entscheidung des Neutralitätsausschusses ihnen gegenüber kein Verwaltungsakt ist (s. soeben), sind sie zwar keine „Beteiligten" am Verwaltungsverfahren i. S. von § 12 I Nr. 2 SGB X. Wie ausgeführt wurde, legt der Neutralitätsausschuß die Bundesanstalt für Arbeit aber mit Außen*bindung* gegenüber den kämpfenden Tarifvertragsparteien in einer rechtlichen Voraussetzung für den Leistungsanspruch der Versicherten *fest.* Stellt der Neutralitätsausschuß fest, daß die Ruhensvoraussetzungen des § 116 III 1 Nr. 2 a und b AFG vorliegen, ist die Bundesanstalt für Arbeit aus ihrem Verhältnis zum kämpfenden Arbeitgeberverband rechtlich gehindert, dem Leistungsantrag zu entsprechen. In dieser Situation haben die potentiell Leistungsberechtigten ein rechtliches Interesse daran, daß der Neutralitätsausschuß ohne Vorverständnisse und damit unbefangen unter die gesetzlichen Tatbestandsmerkmale des § 116 III 1 Nr. 2 a und b AFG subsumiert. Hinzu tritt die Besorgnis, daß sich die Vertreter der Arbeitgeber und der Arbeitnehmer im Neutralitätsausschuß ohne wirkliche Subsumtion unter die gesetzlichen Voraussetzungen auf Kosten der Versicherten in der Gesetzesanwendung „arrangieren" könnten.

Beispiel: Nach heftigem Streit um die „richtige" Auslegung des § 116 III 1 Nr. 2 AFG und über die „Richtigkeit" bestimmter Diagnosen und Prognosen einigen sich die Vertreter der Arbeitgeber und der Arbeitnehmer auf den Kompromiß, daß für das mittelbar arbeitskampfbetroffene Tarifgebiet A das Vorliegen der Ruhensvoraussetzungen festgestellt, für das mittelbar arbeitskampfbetroffene Tarifgebiet B aber nicht festgestellt wird.

c) Betroffen von der Befangenheit ist schließlich das Allgemeininteresse. Denn es geht auch um das Vertrauen der Öffentlichkeit in die Integrität der Verwaltung und um die Sicherstellung einer formell rechtmäßigen und materiell richtigen Verwaltungsentscheidung.[21]

II. Ausgeschlossene Personen nach der einfachgesetzlichen Rechtslage

Die kämpfenden Tarifvertragsparteien bzw. die Fachspitzenverbände (in Verfahrensstandschaft) sind Beteiligte an einem Verwaltungsverfahren i. S. von § 8 SGB X. Im Verhältnis zu den kämpfenden Tarifvertragsparteien finden damit im Prinzip die Befangenheitsvorschriften der §§ 16 ff. SGB X Anwendung. Für die Versicherten mag Entsprechendes gelten können. Denn in der Sache entscheidet der Neutralitätsausschuß antizipiert über eine (negative) rechtliche Leistungsvoraussetzung, welche für das später einzuleitende Verwaltungsverfahren auf Leistung relevant ist. Aber letztendlich kann diese Konstruktion auch dahinstehen. Denn aus den Rechtsbeziehungen des Neutralitätsausschusses zu den kämpfenden Arbeitskampfparteien heraus sind §§ 16 ff. SGB X so oder so anzuwenden.

1. § 16 SGB X

§ 16 SGB X schließt bestimmte Personen von der Mitwirkung am Verwaltungsverfahren absolut aus. Hier wird die Befangenheit von Gesetzes wegen unterstellt.[22] Ob die subjektive Befangenheit im Einzelfall tatsächlich be-

---

[21] Zu dieser ratio von Befangenheitsvorschriften zusammenfassend *Wolfgang Hammer*, Interessenkollisionen im Verwaltungsverfahren, insbesondere der Amtskonflikt, 1989, S. 24 ff.

steht, ist uninteressant. Gemäß § 16 I Nr. 5 SGB X sind von einer Mitwirkung an der Entscheidung des Neutralitätsausschusses Vertreter der Arbeitnehmer und Vertreter der Arbeitgeber ausgeschlossen, welche bei einer der kämpfenden Tarifvertragsparteien oder bei ihrem jeweiligen Fachspitzenverband „gegen Entgelt beschäftigt" sind bzw. „als Mitglied des Vorstandes ... oder eines gleichartigen Organs" tätig sind.

Gegen Entgelt beschäftigte Funktionäre und Vorstandsmitglieder der Spitzenverbände (DGB, Bundesvereinigung der deutschen Arbeitgeber), anderer (nicht am Arbeitskampf beteiligter) Fachspitzenverbände und Verbände (Gewerkschaften, Arbeitgeberverbände) sind hingegen *nicht* durch § 16 SGB X von der Entscheidung des Neutralitätsausschusses ausgeschlossen.

2. § 17 SGB X

Wegen der Besorgnis der Befangenheit wären diese Vertreter der Arbeitgeber und der Arbeitnehmer „an sich" gem. § 17 SGB X von der Mitwirkung an der Entscheidung des Neutralitätsausschusses ausgeschlossen. Denn nach dem Gesagten liegt „ein Grund vor, der geeignet ist, Mißtrauen gegen eine unparteiische Amtsausübung zu rechtfertigen". Weil dieses Mißtrauen aus den genannten Gründen aber *stets* gegeben ist, kann § 17 SGB X für die Mitglieder des Neutralitätsausschusses nicht anwendbar sein. Denn sonst wäre das Tätigwerden des Neutralitätsausschusses in der vom Gesetzgeber in § 206 a I AFG angeordneten Zusammensetzung *nie* möglich. Als lex specialis suspendiert § 206 a I AFG den Neutralitätsausschuß von der Befangenheitsvorschrift des § 17 SGB X. (Nur wenn zu den beschriebenen allgemeinen Umständen, welche für sich gesehen schon die Besorgnis der Befangenheit begründen, für eine Einzelperson weitere *spezifische* Umstände *hinzutreten*, mag auch beim Neutralitätsausschuß noch ein Anwendungsfeld für § 17 SGB X verbleiben.)

Damit bleibt festzuhalten: § 206 a I AFG nimmt die Befangenheit der Vertreter der Arbeitgeber und der Arbeitnehmer im Neutralitätsausschuß in Kauf. Er institutionalisiert die Befangenheit sogar.

III. Gesetzlich institutionalisierte Befangenheit als Verfassungsverstoß

Daß § 206 a I AFG in dieser Weise die Befangenheit von sechs der sieben Mitglieder des Neutralitätsausschusses institutionalisiert, verstößt gegen das

---

[22] *Hufen*, Fehler im Verwaltungsverfahren, 1986, S. 91 zur Parallelvorschrift des § 20 VwVfG.

Grundgesetz. Das gilt nicht nur aus der Sicht der kämpfenden Tarifvertrags-parteien bzw. ihrer Fachspitzenverbände als förmlich Beteiligten am Verwaltungsverfahren, sondern auch aus der Sicht der potentiell Leistungsberechtigten. Für die (nachfolgend darzustellenden) Anforderungen des Grundgesetzes an die Unparteilichkeit des Verwaltungsbeamten reicht es aus, daß die potentiell Leistungsberechtigten durch die Feststellung des Neutralitätsausschusses in der beschriebenen Weise *materiell* betroffen werden.

1. Verfassungsrechtlicher Ansatz

Es entspricht der wohl allgemeinen Meinung, daß das Grundgesetz für den Gesetzesvollzug die Unbefangenheit des Verwaltungsbeamten verlangt. Unterschiede finden sich in der Literatur allenfalls zu der Frage, wo genau dieses Gebot der Unbefangenheit seine Verankerung im Grundgesetz hat. Vereinzelt werden die Menschenwürde des Art 1 I GG (Achtung der Person des von der Befangenheit betroffenen Bürgers),[23] für bestimmte Fallkonstellationen der Befangenheit auch Grundrechte genannt.[24] Häufiger und in der Abdeckung *aller* Fälle der Befangenheit überzeugend ist der Hinweis auf das (allgemeine) Rechtsstaatsprinzip, welches ein „rechtsstaatliches Verfahren" fordere.[25]

Indessen darf man nicht beim Rechtsstaatsprinzip als übergeordnetem allgemeinem Rechtsgrundsatz stehenbleiben. Systematisch besser ist es, bei konkreten Einzelausprägungen anzuknüpfen, die der Rechtsstaatsgrundsatz im Grundgesetz gefunden hat. Das tun die Autoren, welche das Gebot der Unbefangenheit aus der Bindung der Verwaltung an das Gesetz (Grundsatz der Gesetzmäßigkeit der Verwaltung) nach Art. 20 III GG herleiten.[26]

Aus der Bindung der Verwaltung an das Gesetz folgt das Gebot zur Unbefangenheit in der Tat. Denn ein befangener Verwaltungsbeamter steht in der Gefahr, daß er sich aus der Bindung an das Gesetz löst, indem er die Auslegung (bewußt oder unbewußt) nach gesetzwidrigen Kriterien vor-

---

[23] So etwa *Kopp*, Verfassungsrecht und Verwaltungsverfahrensrecht, 1971, S. 42.

[24] s. dazu im einzelnen *Kirchhof*, Die Bedeutung der Unbefangenheit für Verwaltungsentscheidungen, Verw. Arch. 1975, 370 (374 f.)

[25] *Ule / Laubinger*, Verwaltungsverfahrensrecht, 3. Aufl. 1986, S. 97; *Scheuing*, NVwZ 1982, 487 (488); *Besche*, DÖV 1972, 636 (637); *Foerster*, SKV 1975, 11 (12); BVerwGE 29, 70 (71) — s. zu dieser Entscheidung auch noch nachfolgend b).

[26] So verfahren etwa *Kopp*, Verfassungsrecht und Verwaltungsverfahrensrecht, S. 42, 88; *ders.*, Verw. Arch. 1970, 219 (244); *Kirchhof*, aaO, S. 370 ff. (Bindung an das Recht). Systematisch auf gleicher Linie *Häberle*, JuS 1969, 265 (271 — Gemeinwohlauftrag der Verwaltung).

nimmt oder in die Ermessensentscheidung Gesichtspunkte einfließen läßt, welche außerhalb des Rahmens zulässiger Ermessenserwägungen stehen.

Seitdem das Bundesverfassungsgericht die Bedeutung des (materiellrechtlichen) Grundrechtsschutzes für die Ausgestaltung von Verwaltungsverfahren herausgearbeitet hat,[27] stehen im erörterten Zusammenhang hinter der Bindung der Verwaltung an die Gesetze die Grundrechte. Die Grundrechte sind einschränkbar nur durch Gesetz oder auf Grund eines Gesetzes. Im Grundrechtsbereich greift jeder Eingriff, welcher den gesetzlichen Rahmen verläßt, in das Grundrecht ein. Weil in der Befangenheit des Verwaltungsbeamten die Überschreitung der gesetzlichen Grenzen angelegt ist, führt die Befangenheit nicht nur zu einem Verstoß gegen den Grundsatz der Gesetzmäßigkeit der Verwaltung, sondern gleichzeitig zu einem materiellen Grundrechtseingriff.[28]

In BVerwGE 29, 70 f. findet sich die Rechtsauffassung, anders als für die Rechtsprechung schließe das Rechtsstaatsprinzip für die Verwaltung nur den Verwaltungsbeamten aus, welcher *tatsächlich* befangen sei. Die bloße *„Besorgnis der Befangenheit"* gebiete seinen Ausschluß vom Rechtsstaatsprinzip her *nicht*. Diese Entscheidung kann zu Mißdeutungen Anlaß geben. Sie geht mit dem Begriff *„Besorgnis der Befangenheit"* unsorgfältig um. Nach der Legaldefinition in § 42 II ZPO ist die „Besorgnis der Befangenheit" gegeben, „wenn ein Grund vorliegt, der geeignet ist, Mißtrauen gegen die Unparteilichkeit eines Richters zu rechtfertigen". Diese Legaldefinition kehrt versteckt auch in § 17 SGB X wieder. Die Paragraphenüberschrift zu § 17 lautet „Besorgnis der Befangenheit". Als Ausschlußgrund wird dann die gleiche Formulierung verwendet, welche § 42 ZPO als Definition der „Besorgnis der Befangenheit" enthält. Es muß ein *„Grund"* vorliegen, der objektiv geeignet ist, Mißtrauen gegen die Unparteilichkeit zu rechtfertigen. „Mißtrauen" kennzeichnet nicht *einen* Befangenheitstatbestand, welchem der Befangenheitstatbestand der „Gewißheit" gegenübergestellt werden könnte. Nach der Definition und vor allem von der Sache her kennzeichnet Mißtrauen *den* Befangenheitstatbestand. Wegen Befangenheit muß ein Verwaltungsbeamter *vor* der Verwaltungsentscheidung ausgeschieden werden. *Bevor* eine Verwaltungsentscheidung ergangen ist (Sicht ex ante), ist mehr als Mißtrauen von vornherein nicht denkbar. Denn zu diesem Zeitpunkt läßt sich ohnehin nicht feststellen, ob der Amtsträger *wirklich* entsprechend dem

---

[27] Zusammenfassend BVerfGE 53, 30 (62 ff., 69 ff.).

[28] Flankierend wird das Gebot der Unbefangenheit durch Art. 33 V GG gestützt. Denn es gehört *auch* zu den „hergebrachten Grundsätzen des Berufsbeamtentums". Weil Art. 33 V GG alleine auf Beamte bezogen ist und außerdem nur das Innenverhältnis zwischen dem Beamten und seinem Dienstherrn trifft, ist diese Vorschrift zur Herleitung eines *allgemeinen* Verfassungsgebotes zur Unbefangenheit für das Außenverhältnis des Staates zu seinen Bürgern allerdings nicht geeignet; ebenso *Kirchhof*, aaO, S. 374.

Mißtrauen parteilich oder — entsprechend seiner gesetzlichen Verpflichtung — unparteilich entscheiden wird. *Nachdem* die Entscheidung getroffen worden ist (Sicht ex post), besteht die Gewißheit in aller Regel aber auch nicht. Es steht nach wie vor der (objektive) Grund im Raume, welcher von vornherein das Mißtrauen gerechtfertigt hatte. Ob der Amtsträger *wirklich* parteilich entschieden hat, läßt sich auch ex post nicht feststellen. Der Entscheidung selbst kann man regelmäßig nicht ansehen, ob sie unparteilich oder parteilich getroffen worden ist. Ein Blick in das psychologische Innere des Amtsträgers ist nicht möglich — der „gläserne Mensch" existiert nicht. Zwar mögen Fälle vorkommen, in welchen die Unparteilichkeit unmittelbar aus der Begründung der Entscheidung oder aus nachträglichen Äußerungen des Amtsträgers abgeleitet werden kann. Aber derartige Fälle sind so atypisch, daß auf sie unter *sachlichen* Gesichtspunkten eine Unterscheidung zwischen Mißtrauen und Gewißheit nicht gestützt werden könnte. Das Rechtsstaatsprinzip, die Bindung der Verwaltung an Gesetz und Recht und der materielle Grundrechtsschutz in seiner beschriebenen verfahrensrechtlichen Variante gebieten den Ausschluß des Verwaltungsbeamten bereits dann, wenn ein „Mißtrauenstatbestand" vorliegt. Denn bereits dann besteht die akute *Gefahr*, daß der Amtsträger nicht mehr nach dem Gesetz entscheiden und damit materiell gegen ein einschlägiges Grundrecht verstoßen könnte. Insbesondere der Grundrechtsschutz dient — allgemein gesehen — nicht nur dazu, verfassungswidrige Grundrechtseingriffe abzuwehren, welche *mit Gewißheit* eintreten werden. Die Grundrechte schützen auch bereits gegen die *Gefahr* von Grundrechtseingriffen, nämlich gegen Eingriffe, welche eintreten *könnten*.

Verfassungsrechtlich gesehen ist ein Amtsträger also bereits bei (objektiv) begründetem *Mißtrauen* gegen die Unparteilichkeit und damit bei *„Besorgnis der Befangenheit"* im Sinne der Legaldefinitionen in § 42 II ZPO, § 17 SGB X ausgeschlossen. Analysiert man BVerwGE 29, 70 f. genauer, zeigt sich, daß sich das Bundesverwaltungsgericht in der Sache gar nicht dagegen wendet, einen Verwaltungsbeamten bei einer *„Besorgnis* der Befangenheit" im *beschriebenen* gesetzlich definierten Sinne des Rechtsstaatsprinzips von der Teilnahme an der Verwaltungsentscheidung auszuschließen. Aus dem Kontext der Entscheidung des Bundesverwaltungsgerichts in ihrem Zusammenspiel mit der zitierten Entscheidung BVerwGE 16, 150 (153) ergibt sich vielmehr, daß das Bundesverwaltungsgericht eine „Besorgnis der Befangenheit" in einem *subjektiven* Sinne ausklammern möchte. Dem Bundesverwaltungsgericht geht es um Fälle, in welchen ein besonders sensibilisierter Beteiligter am Verwaltungsverfahren objektive Umstände alleine aus *seiner* Sicht so deutet, daß *er* Mißtrauen gegen die Unparteilichkeit des Amtsträgers hat, welches bei *objektiver* Betrachtung nicht gerechtfertigt ist. Das Rechtsstaatsprinzip und die anderen verfassungsrechtlichen Ansätze mögen es in der Tat nicht gebieten, den Amtsträger bereits von seiner Amtsführung auszuschließen, wenn die „Besorgnis der Befangenheit" lediglich rein subjektiv ohne objektive Anhaltspunkte aus einem unspezifizierten Mißtrauen des Bürgers begründet wird. Aber das kann dahinstehen. In der Ausgangsproblematik (Zusammensetzung des Neutralitätsausschusses) ist das Mißtrauen gegen die Amtsführung der Arbeitgeber- und Arbeitnehmervertreter im Neutralitätsausschuß *objektiv* begründet worden.

2. Ergebnis

Nach allem ist ohne weiteres deutlich, daß die Besorgnis der Befangenheit bei der Besetzung des Neutralitätsausschusses in der beschriebenen Weise gegen den Grundsatz der Gesetzmäßigkeit der Verwaltung aus Art. 20 III GG verstößt. *Zusätzlich* ist der beschriebene Grundrechtsverstoß gegeben. Insoweit geht es um die Grundrechte der kämpfenden Tarifvertragsparteien aus Art. 9 III GG, um den Grundrechtsschutz der sozialversicherungsrechtlichen Rechte der Arbeitslosen (Anspruch auf Arbeitslosengeld) aus Art. 14 I GG, bei Bejahung einer entsprechenden Eigentumsposition auch um den Eigentumsschutz der Kug-Empfänger.

Neben § 116 III 1 Nr. 2 AFG sind damit auch die verfahrensrechtlichen Vorschriften über die Einschaltung des Neutralitätsausschusses (§§ 116 V, 206 a AFG) verfassungswidrig und vom Bundesverfassungsgericht aufzuheben.

4. Teil

Rechtsschutz

1. Abschnitt

Rechtsschutzmöglichkeiten

I. Fachspitzenverbände

Nach dem Wortlaut des § 116 VI 1 AFG können „die *Fachspitzenverbände* der am Arbeitskampf beteiligten Tarifvertragsparteien ... durch Klage die Aufhebung der Entscheidung des Neutralitätsausschusses ... und eine andere Feststellung begehren". Wie schon dargestellt wurde, ist „Fachspitzenverband" auf der einen Seite die kämpfende Gewerkschaft (IG Metall). Denn sie ist nicht *nur* am Arbeitskampf beteiligte Tarifvertragspartei. Wegen ihrer bundesweiten Organisation nimmt sie gleichzeitig die *Funktion* eines Fachspitzenverbandes wahr. Wegen der anderen Organisation der Arbeitgeberverbände ist auf der anderen Seite Fachspitzenverband *nicht* der kämpfende regionale Arbeitgeberverband, sondern der — bundesweit organisierte — Gesamtverband („Gesamtmetall"). Das rückt die Frage ins Zentrum, ob auch der kämpfende (regionale) Arbeitgeberverband Klagemöglichkeiten hat.

II. Kämpfender Arbeitgeberverband

1. Klage gegen die Feststellung des Neutralitätsausschusses?

Nach dem Wortlaut des § 116 VI AFG ist dem kämpfenden Arbeitgeberverband *nicht* die Klagemöglichkeit zum Bundessozialgericht eingeräumt. Eine solche Klagemöglichkeit des Arbeitgeberverbandes läßt sich auch nicht über eine erweiternde Auslegung des § 116 VI AFG gewinnen. Denn jede Auslegungsmöglichkeit findet im Gesetzeswortlaut ihre Grenze. „Fach*spitzen*verband" ist der kämpfende (regionale) Arbeitgeberverband unter keinem denkbaren Gesichtspunkt, weder nach der Legaldefinition des Spitzenverbandes in § 2 II TVG noch in funktionaler Betrachtung noch sonstwie.

Andererseits überrascht es, daß dem kämpfenden (regionalen) Arbeitgeberverband die Klagemöglichkeit nach § 116 VI AFG vorenthalten ist. Denn die Mehrheit des Ausschusses für Arbeit und Sozialordnung, über deren Beschlußempfehlung § 116 V AFG in das Gesetz eingefügt worden ist, hat ausdrücklich ihre Absicht dokumentiert, „für die Arbeitskampfparteien" (!) die Möglichkeit zu schaffen, „die Entscheidung des Neutralitätsausschusses durch das Bundessozialgericht überprüfen zu lassen".[1] Die Divergenz dieser Absicht zum Gesetzeswortlaut läßt sich nur dadurch auflösen, daß man § 116 VI AFG als Anwendungsfall einer gesetzlich angeordneten Prozeßstandschaft ansieht.[2] Mit seiner Klage nimmt der Fachspitzenverband also im eigenen Namen die Rechte des kämpfenden Arbeitgeberverbandes wahr.

In der Literatur findet sich die Auffassung, der kämpfende Arbeitgeberverband könne die Feststellung des Neutralitätsausschusses vor dem Sozialgericht anfechten. So wie die kämpfenden Tarifvertragsparteien vor Inkrafttreten des Neutralitäts-SicherungsG die Möglichkeit hatten, Ruhens-Erlasse des Präsidenten der Bundesanstalt für Arbeit vor den Sozialgerichten *unmittelbar* anzugreifen.[3] So gesehen würde § 116 VI AFG zu den ohnehin bestehenden Rechtsschutzmöglichkeiten der kämpfenden Tarifvertragsparteien beim Sozialgericht eine weitere Rechtsschutzmöglichkeit unmittelbar zum Bundessozialgericht eröffnen. Nicht die Klagemöglichkeit schlechthin, sondern nur eine zusätzliche Klagemöglichkeit unmittelbar beim Bundessozialgericht wäre alleine den „Fachspitzenverbänden" vorbehalten.

Diese Sicht widerspricht aber dem eindeutigen Gesetzeswortlaut und auch der erklärten Absicht der Mehrheit im Bundestagsausschuß für Arbeit und Sozialordnung, auf deren Vorschlag die Gesetzesformulierung zurückgeht. § 116 VI 1 AFG regelt seinem Wortlaut nach, wer gegen die Feststellung des Neutralitätsausschusses *Klage* erheben kann. Das sind nach dem Gesetzeswortlaut *alleine* die „Fachspitzenverbände", niemand anders. In § 116 VI 2 und 3 AFG ist geregelt, daß die Klage gegen die Bundesanstalt zu richten sei und ein Vorverfahren nicht stattfinde. Erst in § 116 VI 4 AFG wird geregelt, *wo* die nur den Fachspitzenverbänden mögliche Klage erhoben werden muß: „Über die Klage entscheidet das Bundessozialgericht im ersten und letzten Rechtszug." Damit ist die Klage der Fachspitzenverbände nach der Gesetzesformulierung kein zusätzlicher Rechtsweg gegen die Entscheidung des Neutralitätsausschusses, sondern *der* (einzige) Rechtsweg. In der Begründung des BT-Ausschusses für Arbeit und Sozialordnung heißt es:[4] „Die Entscheidung des Neutralitätsausschusses hat für den Arbeitskampf beson-

---

[1] s. BT-Drucks. 10/5214, S. 17.

[2] Näheres zu dieser Prozeßstandschaft s. bereits S. 97.

[3] s. etwa *Löwisch*, NZA 1986, 345 (350); *Schulin*, SPD-Anhörung, Protokoll S. 45, 51. Zu den erwähnten Anfechtungsmöglichkeiten nach der alten Rechtslage s. S. 95.

[4] BT-Drucks. 10/5214, S. 17.

dere Bedeutung. Für die Arbeitskampfparteien wird deshalb die Möglichkeit geschaffen, die Entscheidung dieses Ausschusses durch das Bundessozialgericht überprüfen zu lassen." Der Ausschuß ging damit davon aus, daß den Arbeitskampfparteien „ihr" Rechtsschutz gegen die Entscheidung des Neutralitätsausschusses alleine durch § 116 VI AFG (über die Prozeßstandschaft des Fachspitzenverbandes) und nicht daneben auch noch auf andere Weise (durch Klage vor dem Sozialgericht gegen die Feststellung des Neutralitätsausschusses) gewährt werden solle.

2. Klage gegen die Bewilligung von Kurzarbeitergeld?

Nach der bisherigen Rechtslage hatte der kämpfende Arbeitgeberverband die Möglichkeit, *Bewilligungsbescheide* der Arbeitsämter mit Anfechtungsklagen vor den Sozialgerichten anzugreifen.[5] Nach der neuen Rechtslage ist dem Arbeitgeberverband auch diese Klagemöglichkeit abgeschnitten.

Die Arbeitsämter dürfen die Zahlung von Kurzarbeitergeld endgültig erst dann bewilligen, wenn der Neutralitätsausschuß seine Entscheidung nach § 116 V AFG getroffen, nämlich festgestellt hat, daß die Ruhens-Voraussetzungen nach § 116 III 1 Nr. 2 a und b AFG *nicht* erfüllt sind. Diese Feststellung ist nach dem Gesagten im Verhältnis zwischen der Bundesanstalt für Arbeit und dem klagenden Arbeitgeberverband ein Verwaltungsakt und als solcher — solange er nicht aufgehoben ist — verbindlich. Das gilt selbst dann, wenn der Verwaltungsakt nicht dem kämpfenden Arbeitgeberverband, sondern — in Verfahrensstandschaft — dem Fachspitzenverband bekanntgegeben worden ist. Denn der Fachspitzenverband nimmt die *materiellen* Rechte des Arbeitgeberverbandes im eigenen Namen wahr. Er hat von Gesetzes wegen die „Verfahrensführungsbefugnis" für den kämpfenden Arbeitgeberverband.[6] Diese Verfahrensführungsbefugnis für den Träger des materiellen Rechts bedeutet notwendig, daß das Ergebnis des Verfahrens den Träger des materiellen Rechts, also den kämpfenden Arbeitgeberverband, trifft. Der kämpfende Arbeitgeberverband ist der verbindlichen Feststellung des Verwaltungsakts (Nichtvorliegen der Ruhensvoraussetzung) unterworfen.[7]

Solange die Feststellung besteht, ist der kämpfende Arbeitgeberverband an sie gebunden, *auch* wenn die Frage nach dem Vorliegen oder Nichtvorlie-

---

[5] s. dazu BVerfG, SozR 4410 § 4 NeutralitätsAO Nr. 1.

[6] Zum Parallelbegriff der „Prozeßführungsbefugnis" s. *Schumann*, die ZPO-Klausur, 1981, Rn. 190.

[7] Entsprechend für die Prozeßführungsbefugnis s. *Meyer-Ladewig*, SGG, 3. Aufl. 1987, § 141 Rn. 18; *Baumbach-Lauterbach*, ZPO, 47. Aufl. 1989, § 325 Anm. 5 BA); BGH, LM § 1169 Nr. 1; BGH, NJW 1957, 1636; OLG Hamm, FamRZ 1981, 589; *Heitzmann*, ZZP 92, 66.

gen der Ruhensvoraussetzungen im Rahmen einer Anfechtungsklage des kämpfenden Arbeitgeberverbandes gegen die Bundesanstalt für Arbeit wegen der Bewilligung von Kurzarbeitergeld aufgeworfen wird. Weil im Verhältnis zwischen dem klagenden Arbeitgeberverband und der Bundesanstalt für Arbeit verbindlich feststeht, daß die Ruhensvoraussetzungen *nicht* erfüllt sind, muß das Sozialgericht die Klage abweisen.

3. Verfassungswidriges Rechtsschutzdefizit

a) In der Literatur wird es für verfassungswidrig gehalten, daß der kämpfende Arbeitgeberverband nicht selbst Klage erheben kann.[8] Dem ist im Ergebnis zuzustimmen. Zwar lassen die Literaturstimmen außer Betracht, daß der Fachspitzenverband in Prozeßstandschaft *für* den kämpfenden Arbeitgeberverband klagen kann. Aber das reicht nicht aus, um dem klagenden Arbeitgeberverband die Rechtsschutzmöglichkeiten zu eröffnen, welche ihm Art. 19 IV GG garantiert.

§ 116 I 1 AFG räumt den kämpfenden Tarifvertragsparteien das *subjektive* Recht gegen die Bundesanstalt ein, über die Zahlung oder Nichtzahlung von Kurzarbeitergeld/Arbeitslosengeld an mittelbar arbeitskampfbetroffene Arbeitnehmer nur nach der Gesetzeslage zu entscheiden.[9] Das gilt notwendig auch für die Feststellung des Neutralitätsausschusses. Trifft der Neutralitätsausschuß eine Feststellung, welche der Gesetzeslage nicht entspricht, liegt ein Eingriff in das subjektive Recht der Tarifvertragspartei vor, welche nachteilig betroffen ist. Gleichzeitig ist ein Eingriff in die Arbeitskampffreiheit der Tarifvertragspartei nach Art. 9 III GG gegeben.[10] Zur alten Rechtslage hatten Sozialgerichte, Landessozialgerichte und das Bundessozialgericht zu Gunsten der kämpfenden Tarifvertragsparteien Art. 19 IV GG für einschlägig gehalten.[11] Für die Feststellung des Neutralitätsausschusses kann nichts anderes gelten. Auch für sie ist Art. 19 IV GG einschlägig.

---

[8] s. etwa *Seiter*, Staatsneutralität im Arbeitskampf, 1987, S. 287; *Löwisch*, NZA 1986, 345 (350).

[9] Auf gleicher Linie BSG, NJW 1976, 689; Hess. LSG, NZA 1984, 100.

[10] BSG und Hess. LSG, aaO; auf gleicher Linie ferner BVerfG, SozR 4410 § 4 NeutralitätsAO Nr. 1.

[11] Hess. LSG, NZA 1984, 100 (Klage der IG Metall gegen den „Franke-Erlaß"); BSGE 40, 190 = NJW 1976, 689 (Klage des kämpfenden Arbeitgeberverbandes gegen eine Zahlungsordnung des — insoweit unzuständigen — Verwaltungsrates). Dabei war Art. 19 IV GG unabhängig von der Frage einschlägig, ob der „Franke-Erlaß" als Verwaltungsakt oder bloß als Internum angesehen wurde (unzutreffende Einschränkung insoweit durch Hess. LSG, NZA 1984, 100 (101)). Denn entscheidend ist für Art. 19 IV GG nicht die Rechts*form*, in welcher eine Verwaltungsbehörde handelt, sondern die Frage, ob der Bürger durch *irgendein* Handeln der Verwaltungsbehörde

Allerdings ist nicht jede gesetzlich angeordnete und damit *erzwungene* Prozeßstandschaft von vornherein verfassungswidrig. Art. 19 IV GG untersteht zwar keinem „Gesetzesvorbehalt". Er kann also nicht aus Gemeinwohlgründen, welche außerhalb seiner selbst angesiedelt sind, gleichsam von außen *eingeschränkt* werden. Art. 19 IV GG kann seinen Garantiegehalt aber nur entfalten, wenn er durch gesetzliche Regelungen des Prozeßrechts gleichsam von innen heraus im einzelnen *ausgestaltet* wird. Daher überläßt Art. 19 IV GG „die nähere Ausgestaltung des Rechtsweges den jeweils geltenden Prozeßordnungen".[12] Auf diese Weise darf der Rechtsweg erschwert werden. Es darf aber nicht „in unzumutbarer, aus Sachgründen nicht mehr zu rechtfertigender Weise erschwert werden".[13]

Die bereits mehrfach erwähnte Prozeßstandschaft des Arbeitgebers oder der Betriebsvertretung nach § 72 AFG, bei welcher die anspruchsberechtigen Versicherten von eigenen Klagemöglichkeiten ausgeschlossen sind, wird regelmäßig für zumutbar und aus Sachgründen gerechtfertigt, also als verfassungsgemäß, angesehen.[14] Die Prozeßstandschaft nach § 72 AFG hat in dem Bestreben, divergierende Entscheidungen zu vermeiden, sowie in Gründen der Praktikabilität und Verfahrensvereinfachung (große Zahl materiell Anspruchsberechtigter) ihre hinreichende sachliche Rechtfertigung.

Ein eigenes Klagerecht des kämpfenden Arbeitgeberverbandes wird relevant, wenn und soweit er sich der Steuerung des Fachspitzenverbandes nicht unterwerfen, sondern von seiner rechtlich vorhandenen Unabhängigkeit gegenüber dem Fachspitzenverband Gebrauch machen möchte. Indem § 116 VI 1 AFG dem kämpfenden Arbeitgeberverband auch in *diesem* Fall die Klagemöglichkeit vorenthält und alleine dem Fachspitzenverband überläßt, entmündigt er den kämpfenden Arbeitgeberverband prozessual gesehen. Irgendwelche hinreichenden Sachgründe, welche hierfür erforderlich wären, sind nicht ersichtlich. Das gilt insbesondere auch, wenn der kämpfende Arbeitgeberverband oder — vor allem — der einzelne Arbeitgeber beim Firmentarifvertrag dem Fachspitzenverband nicht (mehr) angehört.

b) Gleichzeitig verstößt es gegen Art. 3 I GG, wenn der kämpfenden Gewerkschaft, nicht aber dem kämpfenden Arbeitgeberverband der Rechts-

---

(unmittelbar) in seinen subjektiven Rechten beeinträchtigt wird. Demgemäß räumt das Bundesverwaltungsgericht Rechtsschutz auch gegen verwaltungs*interne* Maßnahmen ein, wenn der Kläger durch sie in seinen subjektiven Rechten verletzt wird (BVerwGE 60, 144 (184) m. w. Nachw.; BVerwG, DVBl. 1981, 495). Vom genauen Rechtscharakter hängt lediglich die Klageart des wegen Art. 19 IV GG ohnehin eröffneten Rechtsweges ab.

[12] BVerfGE 54, 94 (97); 40, 272 (274); 27, 297 (310); 10, 264 (267 f.).

[13] BVerfGE 54, 94 (97); 40, 272 (275); 10, 264 (268); ständige Rechtsprechung.

[14] BSGE 33, 64 (67); BSG, SozR 1500 § 75 Nr. 4 = SGb 1975, 249 (250 f.); *Schwerdtfeger*, SGb 1975, 252 f.; s. ferner BSG, SozR 1500 § 75 Nr. 10 (S. 10); § 54 Nr. 44 (S. 27); § 144 Nr. 33 (S. 56).

weg gem. § 116 VI 1 AFG eröffnet ist. Daß die kämpfende Gewerkschaft auf der Arbeitnehmerseite *auch* die Funktion eines Fachspitzenverbandes wahrnimmt, gibt einen sachlichen Grund, auf der Arbeitgeberseite *neben* dem kämpfenden Arbeitgeberverband *auch* dem Fachspitzenverband eine Klagemöglichkeit einzuräumen. Ein Sachgrund, den kämpfenden Arbeitgeberverband von den Klagemöglichkeiten *auszuschließen*, liegt hierin aber nicht.

III. Potentiell Leistungsberechtigte

1. Keine Klage gegen die Feststellung des Neutralitätsausschusses

Weil § 116 VI 1 AFG die Klagemöglichkeit auf die „Fachspitzenverbände" beschränkt, können die potentiell leistungsberechtigten Versicherten (richtiger: der Arbeitgeber oder die Betriebsvertretung mittelbar arbeitskampfbetroffener Betriebe in Prozeßstandschaft) die Feststellung des Neutralitätsausschusses nicht anfechten.

2. Klage auf Bewilligung von Kurzarbeitergeld

Andererseits behalten die potentiell Leistungsberechtigten (Arbeitgeber bzw. Betriebsvertretung in Prozeßstandschaft) die Möglichkeit, ihren Leistungsanspruch vor den Sozialgerichten zu verfolgen, wenn der Neutralitätsausschuß und/oder das Bundessozialgericht im Verfahren nach § 116 VI AFG das Vorliegen der Ruhensvoraussetzungen des § 116 III 1 Nr. 2 a und b AFG festgestellt und das Arbeitsamt entsprechend den Antrag auf Leistung abgelehnt hat. Auf das Fortbestehen dieser Klagemöglichkeit weist der Bericht des Ausschusses für Arbeit und Sozialordnung ausdrücklich hin.[15]

Insbesondere haben das Sozialgericht und im Instanzenzug das Landessozialgericht und das Bundessozialgericht incidenter eigenständig über die rechtliche Vorfrage zu urteilen, ob die Ruhensvoraussetzungen nach § 116 III 1 Nr. 2 a und b vorliegen.[16] Denn die Verbindlichkeit der Feststellung des Neutralitätsausschusses und die Rechtskraft der Entscheidung des Bundessozialgerichts gelten „*subjektiv*" eben nur für das Verhältnis der Bundesanstalt zu den Fachspitzenverbänden bzw. zu den kämpfenden Tarifvertragsparteien. Auf das Verhältnis der Bundesanstalt zu den potentiell Leistungsberechtigten (bzw. zu den Arbeitgebern oder Betriebsvertretungen in Prozeßstandschaft) beziehen sich Verbindlichkeit und Rechtskraft daher nicht.

---

[15] BT-Drucks. 10/5214, S. 14.
[16] *Meyer-Ladewig*, SGG, § 141 Rn. 18.

2. Abschnitt

Die Bundesanstalt für Arbeit als Verpflichtete
aus sich widersprechenden Entscheidungen

I. Das Problem

Die vorstehenden Überlegungen machen deutlich, daß die Bundesanstalt für Arbeit Verpflichtete aus sich widersprechenden verbindlichen Entscheidungen werden kann. Haben der Neutralitätsausschuß und/oder das Bundessozialgericht festgestellt, daß die Ruhensvoraussetzungen nach § 116 III 1 Nr. 2 a und b AFG vorliegen, muß die Bundesanstalt in ihrem Verhältnis zum kämpfenden Arbeitgeberverband und zu dessen Fachspitzenverband davon ausgehen, daß der Anspruch der Versicherten aus den (einschlägig) mittelbar arbeitskampfbetroffenen Betrieben ruht. Aus ihrem Verhältnis zum kämpfenden Arbeitgeberverband/Fachspitzenverband heraus darf die Bundesanstalt für Arbeit also kein Kurzarbeitergeld zahlen. Auf der anderen Seite kann die Bundesanstalt für Arbeit Verpflichtete aus einem Urteil der Sozialgerichtsbarkeit sein, nach welchem sie Kurzarbeitergeld zu zahlen hat. Damit entsteht die Frage, wie sich die Bundesanstalt für Arbeit zu verhalten hat. Es könnte sein, daß die Bundesanstalt notwendig in einer Richtung ihre Pflicht verletzt, gleichgültig, ob sie zahlt oder ob sie nicht zahlt, daß der Widerspruch zwischen den beiden Entscheidungen also unauflösbar ist. Dann hätte der Gesetzgeber mit § 116 VI AFG „das Chaos vorprogrammiert".[17]

Indessen entschärft sich das Problem, wenn man die Grundsätze zur Rechtskraftwirkung anwendet. Das soll für die Rechtskraftkonkurrenz zwischen einer Ruhens-Feststellung des Bundessozialgerichts und einem Leistungsurteil der Sozialgerichtsbarkeit (auf Klage einer Betriebsvertretung in Prozeßstandschaft für die versicherten Betriebsangehörigen) dargestellt werden (nachfolgend II.). Für den Fall, daß das Vorliegen der Ruhens-Voraussetzungen „nur" durch den Neutralitätsausschuß festgestellt ist und *keine* Entscheidung des Bundessozialgerichts nach § 116 VI AFG vorliegt, gilt eine analoge Lösung (nachfolgend III.).

II. Rechtskraftkonkurrenz

Es geht um Fragen der *materiellen* Rechtskraft (§ 141 I SGG). Innerhalb der materiellen Rechtskraft werden herkömmlich die subjektive und die objektive Rechtskraft unterschieden. Die (schon erwähnte) subjektive Rechtskraft betrifft die Frage, welche natürlichen und juristischen Personen

---

[17] *Däubler*, SPD-Anhörung, S. 36.

von der Rechtskraftwirkung erfaßt werden. Aus Divergenzen in der subjektiven Rechtskraft *entsteht* das skizzierte Problem. Von der objektiven Rechtskraft wird der Streitgegenstand erfaßt. Im Rahmen der subjektiven Rechtskraft erwächst nur der Streitgegenstand in (objektive) Rechtskraft. Die Konfliktlösung ergibt sich daraus, daß im Verhältnis der Bundesanstalt zum kämpfenden Arbeitgeberverband einerseits und zu den Versicherten andererseits unterschiedliche Streitgegenstände vorlagen, die gegensätzlichen Entscheidungen des Bundessozialgerichts auf der einen Seite und der Sozialgerichtsbarkeit auf der anderen Seite sich in ihrer objektiven Rechtskraft also nicht widersprechen.

§ 116 VI AFG betrifft einen der seltenen Fälle, in welchen eine rechtliche *Vorfrage* für das Bestehen oder Nichtbestehen eines Anspruches (Vorliegen der Ruhensvoraussetzungen nach § 116 III 1 Nr. 2 a und b AFG) den Streitgegenstand darstellt und daher in objektive Rechtskraft (gegenüber dem kämpfenden Arbeitgeberverband/Fachspitzenverband) erwächst.[18] Gegenstand der objektiven Rechtskraft ist *alleine* die rechtliche Vorfrage, daß die in § 116 III 1 Nr. 2 a und b AFG bezeichnete rechtliche Voraussetzung für das Ruhen von Ansprüchen auf Kurzarbeitergeld vorliegt. Streitgegenstand und damit Gegenstand der objektiven Rechtskraft ist *nicht*, daß die Bundesanstalt für Arbeit *Zahlungen* zu unterlassen hätte. Soweit die Bundesanstalt für Arbeit in eigener Verantwortung *selbst* zu entscheiden hat, ob sie einem Leistungsantrag stattgeben muß, ist sie bei ihrer Subsumtion unter die Einzelvoraussetzungen des Zahlungsanspruchs in der bezeichneten *Vorfrage* zwar an die rechtskräftige Entscheidung des Bundessozialgerichts (Vorliegen der genannten Ruhensvoraussetzung) gebunden. Diese Bindung bewirkt im *Subsumtionswege*, daß die Bundesanstalt Anträge auf Zahlung von Kurzarbeitergeld an mittelbar arbeitskampfbetroffene Arbeitnehmer einschlägiger mittelbar arbeitskampfbetroffener Betriebe nicht stattgeben darf. Spricht ein Sozialgericht/Landessozialgericht oder das Bundessozialgericht auf Antrag einer Betriebsvertretung (in Prozeßstandschaft) die Verpflichtung der Bundesanstalt zur Leistung aus, ist die Bundesanstalt aber *ohne weiteres* zur Zahlung verpflichtet. Eine Subsumtionsaufgabe unter die Zahlungsvoraussetzungen ist ihr nicht mehr gestellt. Jetzt läuft die Bindung der Bundesanstalt an die rechtskräftige Entscheidung des Bundessozialgerichts zur rechtlichen Vorfrage einer Zahlung also ins Leere. Trotz der Entscheidung des Bundessozialgerichts muß die Bundesanstalt für Arbeit der Entscheidung des Sozialgerichts folgen und also zahlen. Geht es lediglich um eine „einstweilige Anordnung"[19], ist die Rechtslage entsprechend.

---

[18] Dazu, daß sich die objektive Rechtskraft im „Normalfall" nicht auf rechtliche Vorfragen erstreckt, eingehend *Bettermann*, Bindung der Verwaltung an die höchstrichterliche Rechtsprechung?, in: Zivil-, Steuer- und Unternehmensrecht 1985, S. 1.

[19] Ausgangspunkt von *Däubler*, aaO.

Bei allem wirkt sich die rechtskräftige Leistungsentscheidung indessen nur für die Versicherten *der* mittelbar arbeitskampfbetroffenen Betriebe aus, für welche der Arbeitgeber oder die Betriebsvertretung in Prozeßstandschaft die rechtskräftige Entscheidung erstritten haben. Für die Versicherten aller anderen mittelbar arbeitskampfbetroffenen Betriebe bleibt es bei der rechtskräftigen Entscheidung des Bundessozialgerichts zum Vorliegen der Ruhensvoraussetzungen des § 116 III 1 Nr. 2 a und b AFG. Die Bundesanstalt für Arbeit darf nicht zahlen. Die objektive Rechtskraft der Leistungsentscheidung des Sozialgerichts, Landessozialgerichts oder Bundessozialgerichts beschränkt sich in ihrem Gegenstand auf die *Zahlungspflicht*. Daß die rechtlichen Voraussetzungen des § 116 III 1 Nr. 2 a und b AFG nicht vorliegen, wird als rechtliche Vorfrage nicht von der objektiven Rechtskraft der Leistungsentscheidung erfaßt.[20]

III. Ruhensfeststellung (bloß) des Neutralitätsausschusses und entgegenstehende Entscheidung des Sozialgerichts

Liegt keine Entscheidung des Bundessozialgerichts nach § 116 VI AFG, sondern alleine die Feststellung des Neutralitätsausschusses vor, daß die Ruhensvoraussetzungen nach § 116 III 1 Nr. 2 a und b AFG gegeben seien, ist die Rechtslage analog. Im Verhältnis zum kämpfenden Arbeitgeberverband bzw. zum Fachspitzenverband ist die Bundesanstalt für Arbeit nur in einer (negativen) *Vorfrage* des Leistungsanspruchs gebunden. Diese Bindung wirkt sich nicht aus, wenn ein Sozialgericht, Landessozialgericht oder das Bundessozialgericht den Leistungsanspruch für die Versicherten des „klagenden" Betriebes bejaht und der Bundesanstalt für Arbeit so die Möglichkeit zur Subsumtion unter die Einzelvoraussetzungen des Leistungsanspruchs genommen hat.

---

[20] *Bettermann*, aaO, S. 3 ff.